Peter Schreiber

Die Garnisonstadt Erfurt 1950 bis 1990

Die Henne-Kaserne

Impressum

Umschlaggestaltung: Harald Rockstuhl, Bad Langensalza

Titelbild: Aus dem Inhalt des Buches entnommen. Quelle ebanda.

Quellen: Siehe Bildunterschriften.

Umschlagrückseite: Luftaufnahme um 1990. Sammlung Autor

Bisherige Auflagen: 1. Auflage 2016; 2. bearbeitete Auflage 2017

3. bearbeitete Auflage 2021
ISBN 978-3-95966-026-6

Innenlayout: Harald Rockstuhl, Bad Langensalza

Druck und Bindearbeit: Digital Print Group Oliver Schimek GmbH, Nürnberg/Mittelfranken

Gedruckt auf alterungsbeständigem Papier nach ISO 9706

Die Deutsche Nationalbibliothek verzeichnet diese Publikation in der Deutschen Nationalbibliografie. Detaillierte bibliografische Daten sind im Internet über *http://dnb.d-nb.de* abrufbar.

Inhaber: Harald Rockstuhl
Mitglied des Börsenvereins des Deutschen Buchhandels e.V.
Lange Brüdergasse 12 in D-99947 Bad Langensalza/Thüringen
Telefon: 03603 / 81 22 46 Telefax: 03603 / 81 22 47
www.verlag-rockstuhl.de

Inhaltsverzeichnis

Vorwort

Die Henne-Kaserne – ein Begriff für viele Erfurter. Aber nicht nur für diese, sondern auch für alle, die ihren Dienst in der Henne-Kaserne geleistet haben. Die vorliegende Dokumentation nennt die wichtigsten Abläufe im Aufbau und Leben der bewaffneten Einheiten der DDR in der genannten Kaserne. Gesammelt von einem Zeitzeugen, Herrn Peter Schreiber. Zeitzeuge bedeutet in diesem Zusammenhang auch Sachkenntnis, verbunden mit eigenen Lebenserfahrungen.
Die Geschichte der in dieser Kaserne stationierten Einheiten ist Teil der Geschichte, die durch die NVA der DDR gestaltet und gelebt wurde. Deren Aufgabe war es, alles für die Erhaltung des Friedens zu tun. In diesem Sinn wurden wir erzogen, mit diesem Ziel organisierten wir die Ausbildung und den gesamten militärischen Dienst. Noch heute können alle ehemaligen Soldaten der NVA mit Stolz sagen, dass sie in einer deutschen Armee gedient haben, die nie einen Krieg geführt hat und an keinen Kriegen beteiligt war. So betrachtet, hat die NVA ihren Auftrag erfüllt.
Dieser Geist, den Frieden zu erhalten und dafür aktiv zu sein, bestimmte auch den Alltag des Lebens in der Henne-Kaserne. Alle, die dort dienten, haben ihre eigenen Erfahrungen und Erlebnisse gemacht. Eines ist aber sicher, sie haben alle beigetragen, einen Krieg zu verhindern.
Hoffen wir, dass die Generation Soldaten, die heute in der Henne-Kaserne dient, dieses auch sagen kann.
Herrn Peter Schreiber ausdrücklich Danke für diese Dokumentation.

14. Februar 2016 *Peter Rudolph. Oberst a.D. der NVA*

Vorbemerkung

In Erfurt entstanden innerhalb weniger Jahre fast zeitgleich fünf Kasernenkomplexe am Rande der Stadt. Das waren die Steiger-, Löberfeld-, Gneisenau-, Blumenthal- und die Henne-Kaserne. Der Fliegerhorst in Bindersleben wurde für die neu aufgestellte Luftwaffe und das Lazarett in der heutigen Werner-Seelenbinder Straße aufgebaut.

Bereits im Oktober 1935 traten die ersten Soldaten in den neuen Kasernen ein. In der Henne-Kaserne wurde im Herbst 1937 der Regimentsstab stationiert. Die I. und II. Artillerieabteilung wurden auf den Truppenübungsplatz Ohrdruf aufgestellt. Am 10. November 1938 wurden diese in der Henne-Kaserne verlegt.

Noch heute berichten Zeitzeugen von ihren Truppenbesuchen in der Kaserne. Aus der Kaserne wurde mit den Geschützen in das Zielgebiet auf den Drosselberg geschossen.

Mit Beendigung des Krieges wurden Teile des 318. US Infanterie Regiment in der Kaserne stationiert.

Ein amerikanischer Soldat im Juni 1945 im teilweise zerstörten Technik Park der Henne-Kaserne. Sammlung: Scharf

Henne-Kaserne 1950

Mit dem Abzug der amerikanischen Streitkräfte wurden in der Henne-Kaserne Einheiten der 8. Gardearmee der Gruppe der Sowjetischen Streitkräfte in Deutschland stationiert.

Betr.: Objektfragen.

1.) In Bestätigung der fernmündlichen Rücksprache vom 11.3.50 wird über den Stand der Übernahme der ehemaligen Wehrmachtskaserne in Erfurt, Auf der Henne, mitgeteilt:

Das Objekt ist mit Stabsgebäude, Wirtschaftsgebäude und 3 Blocks (je etwa 250 Mann) sofort beziehbar.
Ein weiterer Block muss zunächst renoviert werden (Malerarbeiten), während die restlichen 4 Blocks und das zweite Wirtschaftsgebäude einer Generalrenovierung bedürfen.
Nach Auskunft eines sowjetischen Oberstleutnants (Chef des Hospitals in Erfurt), der z.Zt. noch über dieses Objekt verfügt, und der dort noch Möbel und ärztliche Einrichtungen stehen hat, erfolgt die Übergabe, sobald er von seiner vorgesetzten Dienststelle den Befehl dazu erhält, nach Ablauf einer Woche an die Ketsch.

Die HVA benötigt dieses Objekt dringendst zur Unterbringung der VPB Apolda. Das Objekt Apolda ist wegen seiner Lage an einem Steilhang für eine B-Bereitschaft nicht geeignet und daher vorgesehen zur Aufnahme der z.Zt. in Löbau, Dessau und Gotha zersplitterten 4. VPB Brandenburg.

Der genannte sowjetische Oberstleutnant in Erfurt weiss, dass das besagte Objekt an die Volkspolizei übergeben werden soll.

In Anbetracht der Dringlichkeit wird daher gebeten, die Angelegenheit zu beschleunigen und der HVA Mitteilung zukommen zu lassen, zu welchem Termin mit der Übernahme gerechnet werden kann.

Rücksprache zur Übernahme der Kaserne. Sammlung: NVA Forum

Mit dem Schreiben vom 11. März 1950 ist belegt, das die Hauptabteilung für Ausbildung Rücksprache zur Übernahme der Kaserne geführt hat.

Mit Wirkung vom 26. April 1950 wurde Generalinspekteur Heinz Hoffmann zum Leiter der Hauptabteilung für Ausbildung ernannt. Annähernd zeitgleich wird am 03. April 1950 die Henne-Kaserne bezogen. Nach der Gründung der DDR war sie damit die erste militärische Formation in der Garnisonstadt. Eine wesentliche Ursache hierfür war, dass es die einzige Kaserne gewesen ist, welche zu diesem Zeitpunkt militärisch genutzt wurde. In den anderen Kasernen waren zum Teil Umsiedler untergebracht oder diese wurden zum Abbruch für Baumaterial freigegeben.
Mit der Übergabe an die Hauptabteilung für Ausbildung bezogen die in der Henne-Kaserne stationierten Kräfte der 8. Gardearmee das frühere Lazarett der Wehrmacht. (1278. Armeelazarett in Erfurt) Heute Sitz einiger Thüringer Ministerien in der Werner-Seelenbinder Str.

Ab 1950 Lazarett der 8. Gardearmee. Sammlung: Fiege

Verlegung der 1. Volkspolizeibereitschaft Thüringen in die Henne-Kaserne.

Für die Garnisonstadt Erfurt war die 1. Volkspolizeibereitschaft Thüringen von besonderer Bedeutung.

Die 1. Volkspolizeibereitschaft Thüringen wurde im September 1949 in Apolda aufgestellt. Der Leiter der 1. Volkspolizeibereitschaft war Oberrat Zimmerlinkat.
Am 03. April 1950 wurde die Bereitschaft von Apolda nach Erfurt in die Henne-Kaserne verlegt und erhielt ihre Bezeichnung „B"-Bereitschaft (bis November 1950). In den dienstlichen Unterlagen wurde diese als 1. VP-Bereitschaft Thüringen Artl. 750 Mann [ehem. Artl.- bzw. Henne-Kaserne] geführt.
Ab 1949 bis 1956 wurden Tarnbezeichnungen verwendet: A = Infanterie, B = Artillerie, C = Panzer, usw.). Korrekte Bezeichnung war aber 1950 für die Henne, B-Bereitschaft: 1. Volkspolizeibereitschaft Thüringen (Kategorie B). Später gab es dann auch B-Abteilungen (Artillerieabteilungen) und B-Kommandos (Artillerieregimenter). Im internen Schriftverkehr wurde aber schon die Bezeichnung „Artilleriebereitschaft Erfurt" verwendet (September 1950).

Erster Kommandeur 1950 war Volkspolizeioberrat (Major) Zimmerlinkat, damals 31 Jahre alt. Er wurde 1956 als Oberstleutnant Stabschef und Stellvertreter des Chefs der Artillerietruppen der NVA bei Generalmajor Kunath. Im November 1950 wurde die Bereitschaft aufgelöst und die Volkspolizeibereitschaft Erfurt aufgestellt (1.800 Mann). Nachfolger wurde Volkspolizeioberrat (Major) Prudlik (1956 in die NVA als Oberst übernommen, als Leiter Versorgung der 1. Luftverteidigungsdivision).
Abgelöst wurde er von Volkspolizeiinspektor Smolorz am 15. Dezember 1950 bis 14. April 1951. Er kommandierte diese Bereitschaft als Volkspolizeiinspekteur (Oberst), sein Stellvertreter war Volkspolizeikommandeur Ernst.

f) Land Thüringen

1) 1.Volkspolizeibereitschaft Erfurt ✓.

Lage:	an der Henne, Wehrmachtskasernen
Waffengattung:	Artillerie
Stärke:	1.000 Mann
Ausrüstung:	Infanteriewaffen (Anz.unb.) 2 SFH 18 Kal. 15 cm 2 SIG Kal. 7,5 cm 1 Pakgeschütz Kal. 3,7 cm
Ausbildung:	Ballistik Artillerieschiesslehre
Chef:	Vp.Oberrat Zimmerlinkert

1. Volkspolizei-Bereitschaft Thüringen. Sammlung: NVA Forum

Im November 1950 beendeten insgesamt 579 so genannte „Kursanten“ die Ausbildung. Soweit diese nicht schon Unteroffiziersdienstgrade trugen, wurden sie je nach Prüfungsergebnis zu folgenden Dienstgraden befördert:

Meister:	17
Hauptwachtmeister:	305
Oberwachtmeister:	113
Wachtmeister:	15

41 Mannschaften und Unterführer des Stammpersonals wurden 1950 zu Offizieren ernannt.

Den Einheiten der Hauptabteilung für Ausbildung wurde nur ein begrenzter Waffenbestand zugestanden, der eine angemessenen Ausbildung ausreichend sicherstellte, aber auch um die militärische Oberhoheit der UdSSR in der DDR nicht zu gefährden.
Zum 1. Juli 1952 wurde die Hauptabteilung für Ausbildung in Kasernierte Volkspolizei umgewandelt. Nach Beendigung der ersten Phase des Streitkräfteaufbaus erteilte Moskau der SED-Führung Anfang April 1952 den Auftrag zur Schaffung einer regulären Armee.

In seinen Erinnerungen aus seiner Dienstzeit in Erfurt im Buch von Willi Eckert „Militärstandort EGGESIN“ erinnert sich Oberstleutnant a. D. Helmut Hanske, ein Zeitzeuge:

„Nach Abschluss der Volkspolizeioffiziersschule im Oktober 1950, Ernennung zum Offizier und Versetzung in die Volkspolizeibereitschaften (VPB) der DDR. Im Dezember 1950 verließ ich und weitere Offiziere mit dem letzten Transport Pirna. Unser neuer Standort war die VPB-Erfurt/Henne. Kommandeur der VPB war der VP-Inspekteur Smolorz, sein Stellvertreter der VP-Kommandeur Ernst.
Dort nahm ich meinen Dienst im LA-Kommando (Infanterie) – Kommandeur VP Oberrat Rossberg – als Zugführer des Nachrichtenzuges (NZ) des Kommandos auf. Mit Beginn des Ausbildungsjahres 1951 bildete ich in meinem NZ und gleichzeitig in der Sonderabteilung-7 (S-7 Panzer) die Besatzungen im Panzernachrichtenwesen ...

Die S-7 besaß zwei Panzer, einen T-34/76-Modell 1941 und einen T-34/76-Modell 1943. Sie standen in einer 100 m Schussbahn in einem Holzverschlag. Geschossen wurde mit Turm-MG auf verkleinerte Ziele auf eine Entfernung von 100 m. Zum Schießen aus dem kurzen Halt und aus der Bewegung fuhr der Panzer auf einen quer liegenden Baumstamm. Ein weiterer Baumstamm lag längs unter der Panzerwanne und ca. sechs Mann bewegten den Panzer und imitierten die Bewegung zum Schießen aus dem kurzen Halt und aus der Bewegung.

Die Panzer waren mit der Funkstation 9-RAM (auch als 9-RS bezeichnet) ausgestattet. Ihre Leistung war stark begrenzt. Die Frequenz lag bei 4,5 bis 5 MHz, die Reichweite im Sprechfunkbereich bei 24 km im Stand und ca. 10 km in der Bewegung. Die Leitung der Station 5 Watt bei einer Antennenlänge von 6 m.
Die Bordsprechanlage TPK-3 zur Kommunikation war für vier Besatzungsmitglieder, Kommandant, Richtschütze, Ladeschütze, Fahrer und Bug-MG-Schütze/Funker ausgelegt.
Die vorhandenen Funkstationen in den Panzern unterlagen einem strengen Funk- und Betriebsverbot.“

Sammlung Hanske

Mit Wirkung vom September 1952 bis April 1953 wurde die Volkspolizeibereitschaft Erfurt Infanterie-Verband mit 1744 Mann und ab April 1953 bis August 1953 das Volkspolizeibereitschaft B-Lehr-Kommando Erfurt (Artillerieregiment) mit 790 Mann aufgestellt.

„Artilleriebereitschaft Erfurt“, B-Kommando der Kasernierten Volkspolizei in der Henne-Kaserne.

Im Laufe des Jahres 1952 wurde der begonnene Aufbau des „B“-Kommandos weiter zügig umgesetzt. Mit der Verlegung erfolgte die Umgliederung des „A“-Kommandos in „B“-Kommando gemäß Befehl Ministerium des Inneren Nr. 57/53 vom 08. April 1953.

Das Vorkommando der Henne-Kaserne in Uniform der HVA trifft auf dem Bahnhof der Garnisonsstadt ein Sammlung: Heßmann

Mit Wirkung vom 15. April 1953 und Abschluss bis 30. April 1953, als Basis für die „B“ Ausbildungseinheit neu strukturiert.

Kommandeure der Kasernierten Volkspolizei waren:
Major Schmunz
Major Reichhardt
Oberstleutnant Handtke

Die Aufgabe der „Artilleriebereitschaft Erfurt“ bestand in der Heranbildung von Geschützführern und B-Stellenorganen (B-Beobachtung: Artilleriebeobachtern und Rechnern), d. h. hier fand eine Unteroffiziersausbildung über ein Jahr statt.

Stellenplan 1952:

B-Kommando (Artillerieregiment) 792 Mann
Führungsbatterie

I. Artillerieabteilung	122 mm	Haubitze H-38
II. Artillerieabteilung	76 mm	Kanone ZIS-3
III. Artillerieabteilung	76 mm	Kanone ZIS-3
IV. Artillerieabteilung	120 mm	Granatwerfer

Regimentsschule
Rückwärtige Dienste

Einer der ersten Kursanten der Kasernierten Volkspolizei, Unteroffizier Hecker, der nach Abschluss der Ausbildung als Ausbilder in der Regimentsschule eingesetzt wurde. Sammlung: Hecker

Je Artillerieabteilung 3 Batterien, je 4 Rohre, Zugmittel Granit für Kanonen, ZIS 151 für Haubitzen. 1953 wurde die Struktur beibehalten. Die 76 mm Kanone ZIS 3 war zur Ausbildung der Geschützführer an der Regimentsschule eingesetzt, als Zugmittel für die 76 mm Kanone kam der IFA Phänomen-Granit mit Allrad- und Geländegang zum Einsatz. Diese blieben bis Anfang der sechziger Jahre in der Struktur des Regimentes.
Mit Befehl Nr. 68/53 vom 10. April 1953, ist im Objekt Henne mit Wirkung vom 15. April 1953 ein Lehrregiment „B" (B = Artillerie) und eine selbstständige Panzerjägerabteilung (S4) aufzustellen: Abschluss 30. April 1953.

Artillerieregiment 4 „Willi Bredel“

Aufgestellt am 15.06.1956 als

Artillerieregiment 12

Regimentskommandeure

1956 bis 1966
Major Fröhlich, Herbert

1966 bis 1967
Oberstleutnant
Bartel, Heinz

1967 bis 1970
Oberst Jakob, Gerhard

1970 bis 1977
Oberstleutnant
Krause, Walter

1977 bis 1987
Oberst Rudolph, Peter

1989 bis 1990
Oberstleutnant Bielstein.

Ohne Foto 1987 bis 1989 Oberstleutnant Bollmann.
(Seite 62, 1. Reihe rechts)

Aufstellung des Artillerieregimentes 12

Der erste Kommandeur Major Fröhlich erinnert sich:

Im April 1956 erhielt ich den Befehl, das B-Kommando in der mechanisierten Bereitschaft Erfurt zu übernehmen. Entsprechend eines Planes der Maßnahmen waren wir zugleich verpflichtet, das B-Kommando vorzubereiten auf die Übernahme in die Nationale Volksarmee. Diese gesamten Ereignisse waren angereichert, insbesondere durch individuelle Aussprachen, Beratungen mit den Angehörigen der Kasernierten Volkspolizei.

Am 14. Juni 1956 fand die Vereidigung und Verpflichtung der Offiziere im späteren Verkaufsraum der HO Industriewaren statt. Einen Tag später, am 15. Juni 1956, dieser Tag ist auch die Geburtsstunde des Artillerieregiment 12, wurde die Vereidigung der Armeeangehörigen vorgenommen. Vorangegangen war die Umkleidung in die steingrauen Uniformen. Die Offiziere erhielten Lederhandschuhe und erstmals wurde der Ehrendolch getragen. Auf dem Foto wird allerdings kein Ehrendolch benutzt.

Zur Vereidigung war der Chef Artillerie des Ministeriums für Nationale Verteidigung, Generalmajor Kuhnat anwesend, der die Eidesformel gesprochen hat. Ergänzend ist zu vermerken, dass einige Angehörige der Kasernierten Volkspolizei aus allen Bereichen nicht bereit waren, in die Nationale Volksarmee übernommen zu werden.

Der erste Kommandeur des Artillerieregimentes 12 war Major Fröhlich, sein sowjetischer Militärberater Oberst Lommonossow 1956. Seit der Aufstellung der Kasernierten Volkspolizei waren bis 1956 sowjetische Militärberater bis in die Artillerieabteilungen eingesetzt.

Im Jahre 1957 wurde das Artillerieregiment 12 verstärkt. Diese weitere personelle Auffüllung war durch das nicht aufgestellte Artillerieregiment 13 und die Panzerjägerabteilung 4 aus dem ehemaligen B Kommando Mühlhausen begründet. Das Regiment bestand so bis zum Jahre 1961.

Übernahme in die NVA am 15. Juni 1956 in der Henne-Kaserne Sammlung: Masek

Das Regiment hatte folgenden Personalbestand:

- 136 Offiziere
- 239 Unteroffiziere
- 556 Soldaten.

An Bewaffnung:

- 25 Haubitzen 122 mm Typ H38
- 20 Granatwerfer 120 mm
- 32 Kanonen 76 mm
- 2 PAK 45 mm
- 1 Kanone 57 mm

Struktur:

I. Artillerieabteilung:
122 mm Haubitze H38

II. Artillerieabteilung:
122 mm Haubitze H38

III. Artillerieabteilung:
122 mm Haubitze H38,
120 mm Granatwerfer,
76 mm Kanone ZIS 3

IV. Artillerieabteilung:
85 mm Kanone D-44,
76 mm Kanone ZIS 3

Jede Abteilung hatte 3 Batterien mit je 6 Rohren

Kommandeur
Führungs-Batterie
Führungsorgan
Artillerie-Abteilung
Instandsetzungs-Versorgungs-Kompanie

Major Fröhlich und Oberst Lommonossow. Sammlung: Krause

1. März 1957, Tag der NVA in der Henne-Kaserne

Besucher zum Tag der NVA. Sammlung: Rüddenklau

76 mm Kanone ZIS 3 Modell 1943. Sammlung: Rüddenklau

Mittlerer Panzer T 34 /85. Von der Panzertechnischen Schule aus der Steiger-Kaserne. Sammlung: Rüddenklau

Kübelwagen P 2M. Sammlung: Krause

76 mm Panzerabwehrkanone beim Gefechtsexerzieren.
Sammlung: Rüddenklau

Mit dem Zugmittel G5 eine Extra Runde. Sammlung: Rüddenklau

57 mm Fliegerabwehrkanone S60 auf dem Marsch.
Sammlung: Rüddenklau

07. Oktober 1958 – Übergabe der Truppenfahne

Übergabe durch Generalmajor Ewald Munschke, Chef Verwaltung Kader im Ministerium für Nationale Verteidigung. (1936–1938) Angehöriger der Interbrigade in Spanien). Rechts Stabschef der 4. Mot. Schützendivision, Oberst Dannenberg. Sammlung: Rüddenklau

Truppenfahne des Artillerieregiments. Sammlung: Militärhistorisches Museum der Bundeswehr. Fotografie Ingrid Meier

122 mm Haubitze H38 beim Nachtgefechtsschießen. Das Geschütz mit original Rädern. Sammlung: Eichhorn

G5 als Zugmittel der Geschütze. Parade auf dem Domplatz 1957. Sammlung: Rüddenklau

Im Regiment waren weiter vorhanden:

ZIS 150	als Transportfahrzeuge
ZIS 151	Zugmittel für Geschütze
IFA Phänomen K30	mit Kofferaufbau als Sankra
IFA Phänomen K30	mit Allradantrieb und Pritsche Transportfahrzeug der Führungszüge und Leitungsbautrupps.

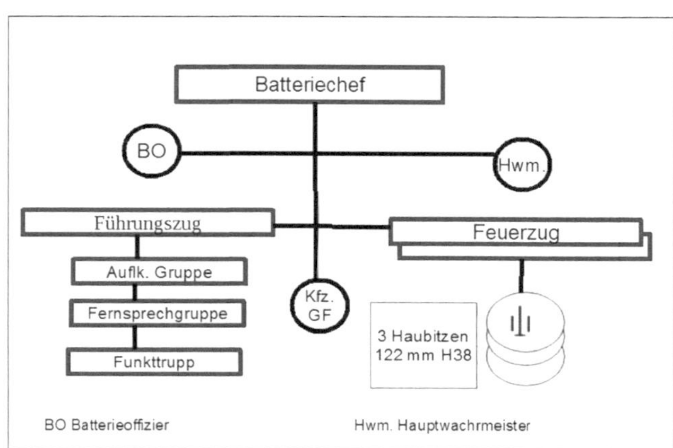

Struktur einer Batterie Strukturschema. Sammlung: Autor

Führungsfahrzeug Geländewagen IFA P-3M Allradantrieb.
Sammlung: Kleingünter

Zugführer und Gruppenführer wurden im Regiment herangebildet. In der aufgebauten Regimentsschule waren das bis 1961 341 Unteroffiziere ausgebildet. Der Kommandeur war Major Reblitz, der spätere Kommandeur des Flakregiments 4. Die Regimentsschule hatte den Status einer Artillerieabteilung.
Enger Kontakt bestand mit dem 39. Garde Artillerieregiment der sowjetischen Streitkräfte in Deutschland aus Gotha.

Gefechtsexerzieren in der Kaserne. Im Winter wurde bei der Ausbildung Mantel getragen. Sammlung: Eichhorn

Mit dem Stellenausrüstungsnachweis (STAN) 58, wurden die 120 mm Granatwerfer ausgemustert. Diese wurden durch weitere Haubitzen 122 mm H-38 ersetzt.
Als einer der ersten Offiziere der 4. Mot. Schützendivision trat der Kommandeur der Division Oberst Ernst, eine vierwöchige Dienstzeit als Kanonier im Artillerieregiment 12 in der I. Artillerieabteilung an. Das Soldatenleben und damit die Bindung zur Arbeiterklasse sollte nicht verloren gehen. Am Ende des Ausbildungsjahres 1959/60 wurde diese „Qualifizierung" abgeschafft.
Eine Besonderheit bis zum Herbst 1959 es gab eine Alarmbatterie. Im täglichen Wechsel fuhr eine Batterie marschbereit auf und konnte in weniger als einer halben Stunde das Regiment verlassen. Während der Nachtruhe in der Unterkunft durften nur die Stiefel ausgezogen und die Uniform geöffnet werden.

Unter schwierigen Gelände- und Witterungsbedingungen wurde vom 02. bis 04. August 1959 die erste Regimentsübung mit Feuerleitung durchgeführt.
Am 21. September 1960 fand eine Lehrvorführung der Feuerleitung vor dem Vereinten Oberkommando statt. Die vom VEB Carl Zeiss neu entwickelte Entfernungsmessschere EM-61 wurde dabei vorgestellt.
Die erstmalige Beförderung zum Unterwachtmeister erfolgte am 01. Dezember 1960. Dieser Dienstgrad wurde zu diesem Zeitpunkt in der Armee neu eingeführt.

Die Dienstzeit der im Herbst 1961 zur Entlassung stehenden Angehörigen verlängerte um sechs Monate. Begründet war dies durch die Sicherung der Staatsgrenze zu Westberlin, am 13. August 1961. In seiner Anordnung 07/61 legte der Minister für Nationale Verteidigung fest, die Dienstzeit zu verlängern.

Vereidigung der ersten Wehrpflichtigen. Sammlung: Krause

Mit dem Gesetz über die Wehrpflicht wurden im April 1962 die ersten 500 Wehrpflichtigen ins Regiment einberufen.

In jedem Ausbildungshalbjahr wurde ein Feldlager in Kasernennähe sowie ein vierwöchiges Sommerlager auf einen Truppenübungsplatz durchgeführt. Welches in den meisten Fällen mit einem Gefechtsschießen verbunden war.

Winterfeldlager 1962. Sammlung: Eichhorn

Verlassen der Mannschaftstransportwagen. Sammlung: Krause

Verlegung mit Eisenbahntransport zum Gefechtsschießen auf den Truppenübungsplatz Annaburg. Ankunft am Entladebahnhof.

Strukturveränderungen

Mit dem Aufbau der Raketentruppen kam es zur Veränderung der Struktur in den Artillerieregimentern. Bis zum 29. Dezember 1962 waren auf Befehl des Ministers die neuen Strukturen aufzubauen. Aufgestellt wurde die Geschosswerferbatterie. Mit dem Geschosswerfer BM 24 besaß das Artillerieregiment ein effektives Feuermittel mit hoher Vernichtungskraft und Treffsicherheit.

Die Struktur und Bewaffnung wurden laufend vervollkommnet. Diesem Ziel diente ebenso die bis zum 26. September 1961 durchgeführte Veränderung der Struktur.
An der Struktur der I. Artillerieabteilung gab es keine Veränderungen. Die IV. Artillerieabteilung wurde zur II. Artillerieabteilung umbenannt. 1963 wurden die III. und IV. Artillerieabteilung aufgelöst. Mit dem frei werdenden Personalbestand wurden die neu aufgestellte selbstständige Panzerjäger- und Geschosswerferbatterie aufgefüllt.

LO 1800 auf dem Marsch. Sammlung: Krause

Feuerdienst unter Schutzausrüstung. Sammlung: Krause

Funkverbindung zu den Batterien. Sammlung: Krause

Beim Gefechtsexerzieren. Sammlung: Eichhorn

Aus der Instandsetzungs- und Versorgungskompanie wurde die Kraftfahrzeug-Transportkompanie gebildet. Die bisherigen Züge Waffenwerkstatt, Kraftfahrzeugwerkstatt, wurden selbstständige Züge, aus dem Versorgungszug wurde eine selbstständige Verpflegungsgruppe. Im Stellenplan des Regimentes waren die ersten 3 Planstellen Stabswachtmeister enthalten. Diese waren für den Fahrschullehrer, Kfz.-Instandsetzungszugführer und Leiter der Verpflegungsgruppe (Leiter der Küche) bestätigt.

Geschosswerfer BM 24. Sammlung: Krug

Beim Gefechtsexerzieren. Sammlung: Krug

Nachtschießen. Sammlung: Krug

Gleichzeitig begann der Aufbau einer Panzerjägerbatterie, deren Ausrüstung zum Beginn aus 85 mm Kanonen Typ D 44 bestand. Diese wurden 1965/66 durch 100mm Panzerabwehrkanonen MT-12 (2A29) „Rapira" mit glattem Rohr abgelöst. Sie ist eine Weiterentwicklung der T-12 Kanonen, die 1955 eingeführt wurden. Besonderheiten: Hohe Anfangsgeschwindigkeit, hohe Durchschlagskraft, große Reichweite im direkten Richten, damals neuartige Unterkaliber- und Hohlladungsmunition.

1967 Einsatz der Geschosswerfer BM 21. Sammlung: Krug

In den Batterien ergaben sich weitere Änderungen:
Das Fahrzeug des Batteriechefs war ein P-3, dieser war dem Funktrupp zugeordnet. Die IFA Phänomen K30 der Aufklärungsgruppe des Fernsprechtrupp wurden durch LO1800/2000 ersetzt. Im Ausbildungsjahr 1967 erfolgte der Einsatz der Zugmittel Typ „Ural 375“. Die Batterie erhielt statt der bisherigen 6 Zugmittel G5 7 Zugmittel „Ural 375“. Davon diente ein Fahrzeug als Ersatzfahrzeug und gleichzeitig dem Hauptwachtmeister als Transportfahrzeug.
Aufgrund ihres geringen Dieselverbrauches wurden der G-5 weiterhin als Transportfahrzeug eingesetzt.

Deutlich zu erkennen die kleineren Räder an der Haubitze. Der Hauptgrund der Umrüstung war die Höhe der Anhängerkupplung des neu eingeführten Zugmittels LKW „Ural 375“ für die Geschütze.

Haubitze H38 beim Gefechtsschießen. Sammlung: Krause

Regimentskommandeur Major Fröhlich übergibt das Regiment

Regimentskommandeur Major Fröhlich (3. v.l.) 1966 bei der Übergabe an Oberstleutnant Bartel (2. v.r.). Sammlung: Krause

Erste sozialistische Eheschließung im Jahre 1958 in der Kaserne. Unteroffizier Zimmermann von der Inst.- u. Versorgungskompanie. Sammlung: Rüddenklau

Regimentsblasorchester unter Leitung von Oberwachtmeister Jäger. Sammlung: Rüddenklau

Oberst Jakob belobigt Unteroffiziere. Sammlung: Kleingünter

1964 Fußballmannschaft des Regimentes. Mannschaftsleiter der Fußballmannschaft war Oberwachtmeister Heinrich. Sammlung: Rüddenklau

Beim Arbeitseinsatz. Sammlung: Backhaus

Freiwilliger Arbeitseinsatz

Am 29. April 1961 wurde die Internationale Gartenbauausstellung (IGA) feierlich eröffnet. Die unter Denkmalschutz stehende Anlage präsentiert auf einer Fläche von 36 Hektar Ausstellungen im Freiland und in den Pflanzenschauhäusern. Eine Sternwarte und ein 35 m hoher Aussichtsturm wurden geschaffen sowie das mit 6000 m² ornamental größte bepflanzte Blumenbeet Europas. Damit die Eröffnung planmäßig erfolgen konnte, leisteten viele Erfurter und Armeeangehörige des Regimentes unzählige Aufbaustunden.

Ernteeinsatz

Bei der jährlichen Herbsternte waren die Angehörigen des Regiments oft mehrere Wochen zum Ernteeinsatz in den Dörfern eingesetzt, vorwiegend bei der Ernteeinbringung der Hackfrucht. Sie waren in den Dörfern gern gesehen. In deren Folgezeit entwickelten sich vielfältige Formen der Zusammenarbeit und gegenseitigen Unterstützung. Die Verbindung zwischen den Einheiten des Regimentes und den landwirtschaftlichen Produktionsgenossenschaften

Beim Arbeitseinsatz. Sammlung: Backhaus

1965 Getreideernte im Bezirk Erfurt, 4. Batterie. Sammlung: Backhaus

Am 7. Oktober 1963 belobigt Hautmann Gensch, Batteriechef der 6. Batterie, Erntehelfer in Angermünde.
Sammlung: Backhaus

bestanden über viele Jahre. Für die geleistete Arbeit wurde die Truppenverpflegung oft mit hausgeschlachteter Wurst aufgewertet. Zum Abschluss des Ernteeinsatzes wurde das Arbeitskommando mit viel Lob bedacht und oft mit einem Schlachtfest verabschiedet.
Ernteeinsätze: 1962 Templin, 1963 Angermünde, 1964 Kreis Prenzlau, 1966 Gadebusch. In Prenzlau wurden durch das Erntekommando 5270 t Kartoffeln und 2157 t Zuckerrüben geerntet.

1964 Leistungsvergleich der Truppenköche aus allen Teilstreitkräften der NVA

In Auswertung des Ausbildungsjahres 1962 wurde die Truppenküche unter Leitung des Verpflegungsoffiziers Hauptmann Gnewuch als „Beste Truppenküche“ der 4. Mot. Schützendivision ausgezeichnet. Damit wurde die Truppenküche als Austragungsort für den Leistungsvergleich der Truppenköche der Nationalen Volksarmee ausgewählt.

Aus allen Teilstreitkräften waren die Verpflegungsgruppen angetreten. Im Artillerieregiment 12 wollten sie ihr Können zeigen und unter Beweis stellen. Vorausgegangen waren Ausscheide in den Divisionen.
Am Vortag hatten die Verpflegungsgruppen über theoretischen und praktischen Prüfungsfragen zu schwitzen. Abgefragt wurden die Kenntnisse der Verpflegungsgruppen in der Küchenwirtschaftsordnung, Grundlagen der Truppenernährung, Warenkunde und Hygiene.
Sechs Feldküchen standen nebeneinander. Jede Verpflegungsgruppe in blendend weißer Kochkleidung, bestehend aus vier Truppenköchen, dem Verpflegungsgruppenführer und Leiter der Truppenküche. Nun sollten die Besten der Besten ihrer Teilstreitkräfte ermittelt werden. Schlag acht Uhr hatte Oberst Arndt den Start freigegeben. Unter Führung ihrer Küchenleiter wurden die Feldküchen auf den festgelegten Platz gefahren und die Arbeitsbereitschaft hergestellt. Alles unter einer genauen Zeitvorgabe.

Jede Verpflegungsgruppe hatte die gleichen Lebensmittel und Zutaten empfangen. Nun mussten die Kenntnisse der spezial-fachlichen Arbeit der Truppenköche unter Beweis gestellt werden. Hier wurde die Leistungsfähigkeit der Köche zu ihrer Arbeit anschaulich demonstriert. Jeder Handgriff wurde beobachtet.

Angetreten zum Essenempfang und Qualitätsbewertung.
Sammlung: Rüddenklau

Um dreizehn Uhr war es dann soweit, die Artilleristen des Truppenteils Barthel waren eigens dazu aufgefordert, als „Gütekontrolleure“ zu fungieren.

Als Sieger ging die Vertretung des Mot. Schützenregiment 16, mit Küchenleiter Stabsfeldwebel Wittig, Feldwebel Kokel, Gefreiter Lähmar und Soldat Quast hervor. Neben Urkunden, erhielten sie Buchprämien und einen Satz Ausbildungsmaterial.

Oberst Arndt, Leiter der Hauptabteilung Verpflegung im Ministerium für Nationale Verteidigung, bedankte sich für die vorbildlichen gezeigten Leistungen.

1963 Besuch einer sowjetischen Freundschaftsdelegation.

Die sowjetische Delegation unter Leitung des Vorsitzenden des Nationalitätensowjets Jan Pfeife, sowie die sowjetische Militärdelegation unter Leitung des Stellvertreters der Politischen Verwaltung, Generaloberst Kalaschnik, waren Gast im Regiment.

Vereidigung

Vor dem VEB Umformtechnik in Erfurt fand im November 1963 die Vereidigung statt. Fahnenträger Hauptwachtmeister Hecker, Fahnenbegleitkommando mit den Hauptleuten Beyer und Krause.

Vereidigung. Sammlung: Krause

Geschosswerferbatterie beim Gefechtsschießen. Sammlung: Krug

Dem artilleristischen Laien sei an dieser Stelle erläutert, dass der Einsatz der Hauptwaffensysteme des Artillerieregiments mit Ausnahme der Kanonen im indirekten Richten erfolgte. Damit wurde die Zielaufklärung und Feuerkorrektur durch die Beobachtungsstellen (B-Stellen) oder durch Mittel der Instrumentalaufklärung realisiert. Das Einstellen der Schussentfernung (FE) wurde bei der Rohrartillerie über die Rohrerhöhung (Aufsatz) und über die Wahl einer bestimmten Treibladungsmenge (Ladung) vorgenommen. Bei der reaktiven Artillerie (Geschosswerfer) bleibt die Treibladung konstant, die Schussentfernung wurde über die Einstellung des Aufsatzes bestimmt und konnte zusätzlich durch das Anbringen sogenannter Bremsringe (kleiner, großer Bremsring) am Geschosskopf beeinflusst werden.

Abschluss des Manöver 1965 „Oktobersturm“ in Kultursaal in Sömmerda

Auftritt der Kulturgruppe des Regimentes. Sammlung: Eichhorn

Rechts Major Stecher I. Artillerieabteilung. Sammlung: Eichhorn

V.l. Hauptwachtmeister Eichhorn; Hauptmann Jezewski von der Kfz. Transportkompanie; Major Fiebig Kommandeur I. Artillerieabteilung; Kommandeur II. Artillerieabteilung (Name nicht bekannt); Oberleutnant Liebtrau, Batteriechef 1. Batterie; Hauptmann Zimmermann; 1. Kreissekretär Erfurt Land, Lauck; Oberstleutnant Fink, Parteisekretär des Regiments. Sammlung: Eichhorn

Namensverleihung „Willi Bredel"

Die erste Namensverleihung eines Truppennamens erfolgte am 10. Jahrestag der Gründung der NVA. Unter den ersten fünf Truppenteilen erhielt das Artillerieregiment 12 diese Auszeichnung. Dem Regiment wurde am 01. März 1966 der Namen „Willi Bredel" verliehen. Der Chef des Militärbezirkes III, Generalmajor Ernst, heftete die Ehrenschleife mit dem Namenszug an die Truppenfahne.

Namensverleihung „Willi Bredel".
Sammlung: Rüddenklau

Fahnenträger Stabswachtmeister Klam, rechts Fahnenbegleiter Hauptmann Gentsch.
Sammlung: Rüddenklau

Empfang des Kommandeurs anlässlich der Namensverleihung „Willi Bredel" v.l. Der Kommandeur des 87. Gardeartillerieregiment, der 39. Garde-Mot. Schützendivision, aus Gotha. Die Witwe Willi Bredels, Oberstleutnant Barthel, Hauptmann Jezewski. Sammlung: Eichhorn

Gäste zur Delegiertenkonferenz

Im Regiment findet 1966 die Delegiertenkonferenz der SED der 4. Mot. Schützendivision statt. Als Gäste wurden begrüßt der Minister für Nationale

v.l. Alois Bräutigam, Armeegeneral Hoffmann, Generalmajor Ernst. Sammlung: Rüddenklau

Verteidigung, Armeegeneral Hoffmann. Weitere Gäste waren Alois Bräutigam, 1. Sekretär der Bezirksleitung der SED des Bezirkes Erfurt und der Chef des Militär-Bezirkes III, Generalmajor Ernst.

Armeegeneral Heinz Hoffmann übergibt Unteroffizier Peter Wagner vom Nachrichtenbataillon 4 sein Parteidokument. Sammlung: Wagner

Am Tag der Entlassung am 30. Oktober 1968 vor dem Hauptbahnhof in Erfurt. Hauptwachtmeister Eichhorn verabschiedet seine Kanoniere. Sammlung: Eichhorn

1968 Jugoslawischen Militärdelegation weilt zu Besuch im Regiment

Rechts Generalmajor Ernst. Gäste einer jugoslawischen Militärdelegation unter Leitung des Staatssekretärs für Volksverteidigung Generaloberst Nikolo Ljubici werden vom Regimentskommandeur Oberst Jakob durch die Kaserne geführt. Sammlung: Rüddenklau

Zur Erinnerung an die Garnisonstadt Erfurt und den Besuch im Regiment wird dem Gast ein Geschenk überreicht. Sammlung: Rüddenklau

Der Kommandeur der 4. Mot. Schützendivision, Oberst Koch, verleiht am 01. März 1970 der Henne-Kaserne den Namen „Willi Bredel“.
Sammlung: Thüringer Allgemeine

Kranzniederlegung und ehrendes Gedenken für Willi Bredel, im Beisein seiner Wittwe.
Sammlung: Krause

Mitte der sechziger Jahre erfolgte in den Mot.-Schützenregimentern die Umrüstung vom SPW 152 auf den Schützenpanzer 60 PB. Nach erfolgter Hauptinstandsetzung wurden die SPW 152 schrittweise im Artillerieregiment als Artilleriebeobachtungsstelle (ABS) eingeführt. Damit war es möglich ohne abzusitzen sofort aus der Bewegung die Gefechtsbereitschaft herzustellen.

Artillerieaufklärer der I. Abteilung 1967 bei der Ausbildung in der Nähe des Wasserturmes. Sammlung: Thüringer Allgemeine

Anlässlich des 20. Jahrestags der DDR wurde die Parade durch das Artillerieregiment 12 in Gera sichergestellt. Kommandierender der Parade war Major Krause, die Paradetruppen stellte die I. und II. Artillerieabteilung. Der Tag wurde am Abend erfolgreich mit einem Großen Zapfenstreich beendet.

01. Dezember 1971 Umbenennung in Artillerieregiment 4

Auf Befehl Nr. 54/71des Ministers für Nationale Verteidigung wurde das Artillerieregiment 12 in Artillerieregiment 4 umbenannt.
Ab dem 01. Dezember 1971 begannen Veränderungen, welche sich über einen längeren Zeitraum zogen.
Im Zuge der nun erfolgten Umstrukturierung wurde die Kanonenbatterie zu einem selbständigen Truppenteil der Panzerjägerabteilung 4, umgebildet. Deren Aufbau erfolgte mit der Verlegung zum Standort Bad Salzungen.
Die Geschosswerferbatterie wurde ebenfalls aus dem Regiment herausgelöst und zu einer selbstständigen Geschosswerferabteilung formiert, (GeWA 4). Noch im Bestand des Regimentes wurde mit der Umrüstung vom Geschosswerfer BM 21 auf den Geschosswerfer Typ 70 begonnen. Der gesamte Führungskaderbestand beider Truppenteile stammte weitestgehend aus dem Artillerieregiment 4.

Aus der ehemaligen Transportkompanie wurde die Instandsetzung- und Versorgungskompanie gebildet. Die bis dahin selbstständigen Züge Waffenwerkstatt, Kraftfahrzeugwerkstatt und die Verpflegungsgruppe wurden dort wieder eingegliedert.

Struktur
I. Artillerie Abteilung
II. Artillerie Abteilung
36 Haubitzen 120 mm D30
III. Artillerie Abteilung
18 Haubitzen
130 mm Kanone M 46
ab 1985
Kanonenhaubitze
152 mm D20

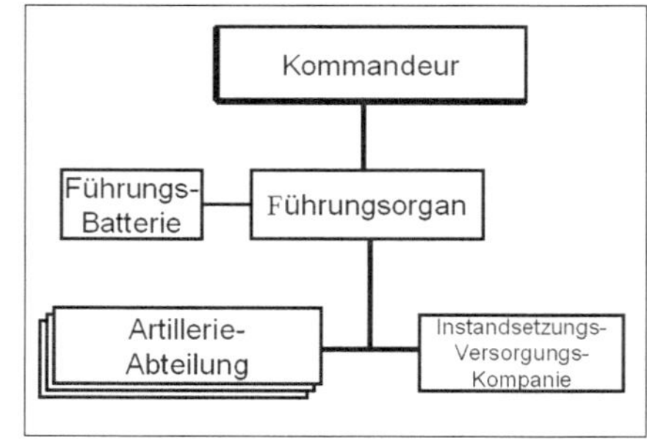

Während der Parade am 07. Oktober 1974 in Berlin wurde die 122 mm Haubitze D-30 erstmals der Öffentlichkeit vorgestellt.

Leistungsvergleich mit dem Partnertruppenteil. Sammlung: Krause

Zum Kampf. Sammlung: Krause

Aufklärungsfahrzeug SPW 40 P der Führungsbatterie. Sammlung: Krause

In der Feuerstellung. Sammlung: Krause

I. Artillerieabteilung beim Forcieren der Spree

Vorbereitung zum Forcieren. Sammlung: Autor

Artillerieaufklärer. Sammlung: Autor

Die Feuerzüge auf dem Weg zum befohlen Raum. Sammlung: Autor

Feuerzug der II. Artillerieabteilung beim Gefechtsschießen. Sammlung: Autor

Grundgeschütz beim Herstellen der Feuerbereitschaft. Sammlung: Autor

Der neu gestaltete Gedenkstein. Sammlung: Krause

Bredelbüste im Traditionszimmer. Sammlung: Krause

Der neu gestaltete Gedenkstein und Traditionszimmer-für Willi Bredel.

Anlässlich des 10. Todestages von Willi Bredel am 27. Oktober 1974 wurde der neu gestaltete Gedenkstein, sowie das neu gestaltete Traditionszimmer am 18. Oktober 1974 im Beisein der Witwe Willi Bredels eingeweiht.
Willi Bredel nahm in Spanien als Kriegskommissar am Bürgerkrieg teil. Anlässlich der Eröffnung des Traditionszimmer übergab Frau Bredel dem Regiment dessen persönlichen Karabiner als Leihgabe. Bei der Auflösung des Regimentes wurde seine Waffe trotz Einschalten der Staatsanwaltschaft nicht aufgefunden.

Im Regiment wurde die III. Artillerieabteilung in drei Etappen aufgebaut.
In der ersten Etappe ab 01. Mai 1975 wurden die Führung der Artillerieabteilung sowie ein Teil des Stabes und die 7. Batterie aufgestellt. In der zweiten Etappe ab 01. November 1975 folgte die 8. Batterie und ein weiterer Teil des Stabes, schließlich folgten in der dritten Etappe ab 01. Mai 1976 die Komplettierung des Stabes und die Aufstellung der 9. Batterie.

1 Reihe v.l. Oberst Rudolph, Oberst Jakob, Politstellvertreter 2. Reihe v.r. Oberstleutnant Mende, Leiter Unterabteilung Kader, 4. Mot. Schützendivision, Kommandeur des 87. Gardeartillerieregimentes aus Gotha, Stellvertreter Kommandeur für Technik/Ausbildung Oberstleutnant Klix, Stellvertreter, Kommandeur und Stabschef Oberstleutnant Gehlich, Stellvertreter Kommandeur für Rückwärtige Dienste Oberstleutnant Höfs sowie Major Strobel als Sekretär der Zentrale Parteileitung. Sammlung: Krause

Die III. Artillerieabteilung wurde zunächst mit der Kanone 130 mm und einheitlich mit dem Zugmittel TATRA 813 ausgerüstet. Jede Batterie erhielt einen SPW 60 PB zur Artillerieaufklärung. Im November 1985 wurde die Abteilung mit neuen Zugmitteln ausgerüstet. 18 Tatra T-815 VVN 6X6 und 3 Tatra-815 VR 8X8.

Mit Einführung dieser Zugmittel Tatra-815 erfolgte die Einführung der 152mm Kanonen-Haubitze D-20 (52P546). Ab Mitte 1985 wurde im Artillerieregiment 3 in Leipzig die Umrüstung auf die 152 mm SFL-Haubitze-2S3 begonnen. Die bisher in der Struktur befindlichen Kanonen-Haubitze 152 mm D-20 wurden zur Umrüstung und Eingliederung an das Artillerieregiment 4 übergeben. Der Abschluss zum 31. Dezember 1985 erfolgte planmäßig.

In den Mot. Schützendivisionen wurden 1976 die gepanzerte Führungsstellen R-145 eingeführt, die bisher genutzten Schützenpanzer PK 50 wurden an andere Truppenteile übergeben. Zur Erprobung für die Artilleriebeobachter, um dem hohen Tempo und der Dynamik des Gefechtsablaufes gerecht zu werden.

Oberstleutnant Weinhold (r.) mit Artillerieaufklärer des Regimentes in der Gefechtspause. Sammlung: Weinhold

Übergabe der Dienstgeschäfte vom Chef Raketentruppen Artillerie Oberst Kupfer an Oberstleutnant Müller im Oktober 1979. Foto: Sammlung: Kriesten

Anlässlich der Beförderung am 07. Oktober 1980 zum Stabsfähnrich gratulieren Oberst Müller, Chef Raketentruppen Artillerie und der Kommandeur Oberst Rudolph (l).
Sammlung: Backhaus

Besuch des ersten sowjetischen Militärberaters Oberst a.D. Lommonossow aus Tiblissi im Sommer 1983 im Regiment.
Sammlung: Krause

III. Artillerieabteilung während der Divisionsübung „Bratstwo 85“ auf dem Truppenübungsplatz Lieberose

III. Artillerieabteilung bei der Bahnverladung. Sammlung: Autor

Beziehen der Feuerstellung. Sammlung: Autor

Das Regiment wurde im Oktober/November 1986 mit der Maschinenpistole AK 74 (5,45 mm) ausgerüstet.

Am 27. Februar 1986 aus Anlass des 30. Jahrestages der NVA wird der Truppenteil mit der Verdienstmedaille der NVA in Gold ausgezeichnet.

Herstellen der Feuerbereitschaft. Sammlung: Autor

Stellungswechsel. Sammlung: Autor

Herstellen der Marschbereitschaft. Sammlung: Autor

Verpflegungsgruppe der Instandsetzung- und Versorgungskompanie des Hauptfeldwebels Backhaus wurde Beste Verpflegungsgruppe. Sammlung: Backhaus

Einweisung der Schicht. Sammlung: Autor

Die Truppenküche. Sammlung: Autor

Selbstentnahme Butter, Wurstaufschnitt. Sammlung: Autor

Selbstbedienungsbüfett. Sammlung: Autor

Speisesaal der Unteroffiziere. Sammlung: Autor

Speisesaal der Soldaten der Geschoßwerferabteilung 4. Sammlung: Autor

Der Lagerverwalter bei der Warenkontrolle. Sammlung: Autor

November 1987 Vereidigung der neueinberufenen Soldaten auf dem Sportplatz in Eckstedt.

Einmarsch der Ehrenkompanie. Sammlung: Stadtarchiv Erfurt

Regimentskommandeur Peter Rudolph schreitet die Front der zur Vereidigung angetretenen Soldaten ab. Der Kommandierende der Formation war Oberstleutnant a. D. Hans Schmidt, Kommandeur der I. Abteilung und später Leiter Artillerie im Mot. Schützenregiment 22, in Mühlhausen.
Sammlung: Stadtarchiv Erfurt

Ablegung des Fahneneides. Sammlung: Stadtarchiv Erfurt

Auflösung und Überleitung

Wie in allen Truppenteilen ging die Wende an dem einst stolzen Regiment nicht spurlos vorüber. Die oft kaum einzuhaltenden hohen Forderungen an die ständige Gefechtsbereitschaft lösten sich in kurzer Zeit von selbst. Ein wesentlicher Grund war der Auffüllungstand des Regimentes. Dieser zeigte innerhalb weniger Monate nur noch eine unzureichende Gesamtstärke von 56,6 %, welches zur Auflösung einer gesamten Artillerie-Abteilung führte.

Stand der Auffüllung am 01.Oktober 1990															
Gesamt		Offiziere		Fähnriche		Berufsunteroffizier		Unteroffizier auf Zeit		Uffz. Schül	Grundwehrdienst		%	Zivilbeschäftigte	
Soll	Ist	Soll	Ist	Soll	Ist	Soll	Ist	Soll	Ist	Ist	Soll	Ist		Soll	Ist
732	414	91	78	26	17	46	25	153	43	23	416	238	56,6	29	31

Stand der Auffüllung. Sammlung: Autor

Grundlagen der Auflösung

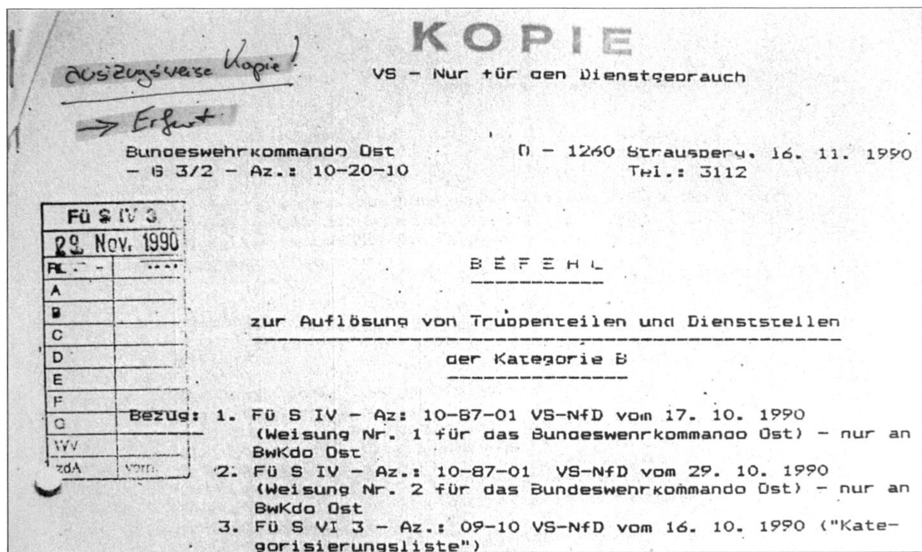

KOPIE

auszugsweise Kopie!

→ Erfurt

VS - Nur für den Dienstgebrauch

Bundeswehrkommando Ost
- G 3/2 - Az.: 10-20-10

O - 1260 Strausberg, 16. 11. 1990
Tel.: 3112

Fü S IV 3
29. Nov. 1990

B E F E H L

zur Auflösung von Truppenteilen und Dienststellen

der Kategorie B

Bezug: 1. Fü S IV - Az: 10-87-01 VS-NfD vom 17. 10. 1990 (Weisung Nr. 1 für das Bundeswehrkommando Ost) - nur an BwKdo Ost
2. Fü S IV - Az.: 10-87-01 VS-NfD vom 29. 10. 1990 (Weisung Nr. 2 für das Bundeswehrkommando Ost) - nur an BwKdo Ost
3. Fü S VI 3 - Az.: 09-10 VS-NfD vom 16. 10. 1990 ("Kategorisierungsliste")

Befehl zur Auflösung. Sammlung: Rüddenklau

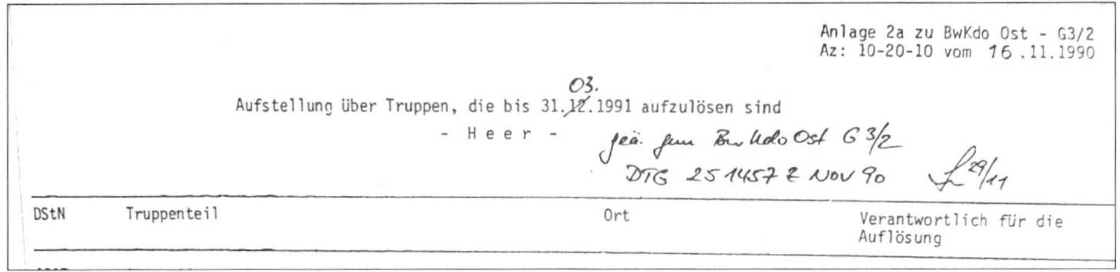

Anlage 2a zu BwKdo Ost - G3/2
Az: 10-20-10 vom 16.11.1990

Aufstellung über Truppen, die bis 31.03.1991 aufzulösen sind

- Heer -

geä. gem BwKdo Ost G 3/2
DTG 251457 Z Nov 90

DStN	Truppenteil	Ort	Verantwortlich für die Auflösung

Aufstellung der Truppen zur Auflösung. Sammlung: Rüddenklau

Letztes Treffen der Kommandeure der Raketen- und Artillerietruppenteile im Kommando Militärbezirk III beim Chef Raketentruppen Artillerie Oberst Schwietzke am 26. September 1990.

Letztes Treffen der Kommandeure der Raketen- und Artillerietruppenteile. Sammlung: Huth

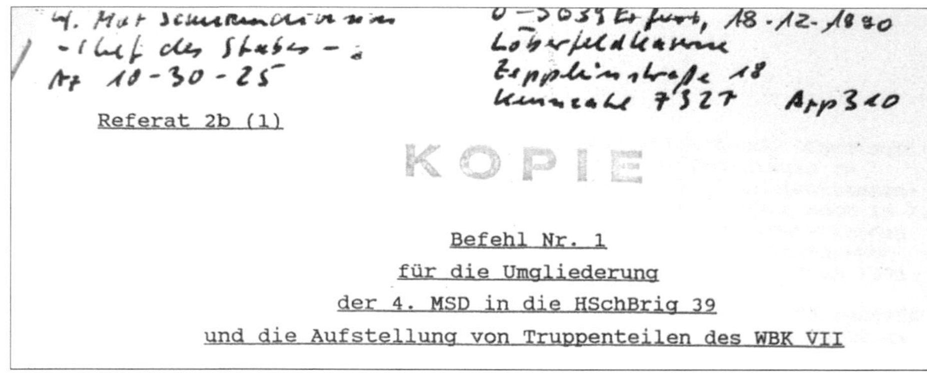

4. Mot Schützendivision
-Chef des Stabes-
Nr 10-30-25

O-5039 Erfurt, 18.12.1990
Löberfeldkaserne
Zeppelinstraße 18
Kennzahl 7327 App 310

Referat 2b (1)

KOPIE

Befehl Nr. 1
für die Umgliederung
der 4. MSD in die HSchBrig 39
und die Aufstellung von Truppenteilen des WBK VII

Befehl für die Umgliederung. Sammlung: Rüddenklau

2306 II. Abt. Artillerieregiment 4 Erfurt WBK VII

Auflösung der II. Artillerieabteilung. Sammlung: Rüddenklau

Oberst	Winzer	K-3.RBr	Oberst	Heimann	Ltr. FR-Art.
Oberst	Littek	K-PJA-3	OSL	Quix	K-RA-6
OSL	Zenker	K-AR-3	OSL	Heinrich	CRA AZ-10
OSL	Rückebeil	K-GeWA-3	OSL	Staroske	Ltr. FR-Art.
Oberst	Manninger	CRA 7.PD	OSL	Weber	K-RA-10
OSL	Mertha	StCRASC 7.PD	Oberst	Patzschke	CRA AZ-17
Oberst	Hörr	K-AR-7	Major	Zens	Ltr. FR-Art.
Major	Rietzschel	K-RA-7	OSL	Singer	K-RA-17
OSL	Böhner	K-GeWA-7	Oberst	Schwietzke	CRA MB-III
Oberst	Schuler	CRA 11.MSD	OSL	Bollmann	StCRASC MB-III
OSL	Gemkow	StCRASC 11.MSD	OSL	Herrmann	LUAA
Major	Hieke	K-AR-11	OSL	Streubel	LAG Art.
OSL	Wilfer	K-RA-11	Major	Riegels	LAG Op
OSL	Hupfeld	K-PAA-11	Major	Jacob	LAG Rak.
Oberst	Müller	CRA 4.MSD	OSL	Reichenbach	OOAkl.
OSL	Adams	StCRASC 4.MSD	OSL	Hohlfeld	OONa
OSL	Bielstein	K-AR-4	OSL	Müller	OOOTR
Major	Röscher	K-GeWA-4	OSL	Knöfel	OOTR
OSL	Huth	K-RA-4	OSL	Schröder	OOAkl./Met.
OSL	Dressel	K-PJA-4	Major	Moosdorf	OOPAArt.
Oberst	Meinert	CRA AZ-6	Major	Kaminsky	OOA/Div Art.

(5) <u>ArtReg 4</u>

- stellt auf ab 01.01.1991 PzArtBtl 395, STAN-Nr. 3322061 Stand 01.10.1990, so daß
  + Stab und St/VersBttr ab 01.04.1991 bedingt arbeitsbereit sind
  + gemäß noch ausstehender Entscheidungen über Großgerät ab 01.04.1991 mit Umschulung von Führern und Spezialisten begonnen werden kann
  + Aufnahmebereitschaft für Großgerät ab 01.07.1991 hergestellt ist
  + ab 01.04.1991 mit einem Quartalsergänzungsbedarf für 1./395 Allgemeine Grundausbildung durchgeführt werden kann
  + ab 01.07.1991 mit einer schießenden Batterie Allgemeine Grundausbildung durchgeführt werden kann
  + das Bataillon ab 01.04.1991 der HSchBrig 39 direkt unterstellt werden kann

- bildet Abwicklungskommando zur Aufrechterhaltung Dienstbetrieb und Auflösung nicht mehr benötigter Einheiten und Teileinheiten

- stellt auf ab 01.01.1991 eine Fahrschulgruppe gem. Einzelbefehl (im Zusammenwirken mit MSR 24) und stellt sich darauf ein, ab Ende Januar 1991 mit dem Ausbildungsbetrieb zu beginnen

- stellt sich darauf ein, ab 01.04.1991 in Steiger-Kaserne zu verlegen

Auszug über die Aufgaben. Sammlung: Rüddenklau

Fla-Raketenregiment-4
„Hermann Danz“

Aufgestellt am 15. Juni 1956 als
Flakregiment 4

21. November 1958 Verlegung in die
„Blumenthal-Kaserne“

01. November 1969
zur Flakabteilung 4 umstrukturiert

01. November 1971 Umstrukturierung zum
Flakregiment 4

1976 verlegt das Flakregiment 4
in die Henne-Kaserne

01. November 1978 Umstrukturierung zum
Fla-Raketenregiment-4
„Hermann Danz“

Kommandeure

1956 bis 1957 Oberstleutnant Gabriel (Kein Foto vorhanden)

1957 bis 1962
Oberstleutnant
Heßmann, Fritz

1962 bis 1979
Oberst
Reblitz, Ewald

1979 bis 1982
Oberst
Gerber, Dietmar

1982 bis 1988
Oberst
Cerveny, Günter

1988 bis 1990
Oberstleutnant
Thum, Lutz

1990
Major
Keller, Klaus

Chefs Truppenluftabwehr der 4. Mot. Schützendivision

1961–1962: Oberstleutnant Steingrüber
1962–1972: Oberst Heßmann
1972–1980: Oberst Möhler
1980–1983: Oberst Wiesel
1983–1985: Oberst Bruchmüller
1985–1989: Oberst Behnisch
1989–1990: Oberst Hopf

In der Henne-Kaserne wurde am 15. Juni 1956 das Flakregiment 4 in Erfurt aufgestellt.

1. März 1957, Tag der NVA in der Henne Kaserne. Sammlung: Rüddenklau

Die Grundlage der Aufstellung des Regimentes bildete die S-5 Abt. (Flakabteilung) der Kasernierten Volkspolizei aus Gotha mit zwei 37 mm Flakbatterien, von Zittau verlegte eine weitere 37 mm Flakbatterie. Mit der Verlegung einer 85-mm Flakbatterie aus Ückermünde war die Aufstellung abgeschlossen. Die 85-mm Flakgeschütze standen bis zu ihrer Abverfügung in verschlossenen Hallen und wurden nicht zur Ausbildung eingesetzt.

Die 3. und 4. Flakbatterie erhielten 1957 die 57-mm-Flak S60 mit GRS-9 kurze Zeit darauf das GRS-9a und Kommandogerät 6/60. Das erste Gefechtsschießen führt das Regiment im Herbst 1957 mit der neuen Technik durch. Bei der Bekämpfung der Luftziele wurde die Note „ausgezeichnet“ erreicht.

Nach der Verlegung der Nachrichten Funk-Peilkompanie 21 aus der Blumenthal-Kaserne nach Frankfurt/Oder erfolgte am 21. November 1958 die Verlegung des Flakregiments 4 in diese Kaserne.

Mit dem Beziehen der Blumenthal-Kaserne gab es eine Besonderheit. Die Kasernengebäude waren in der Zeit der Wehrmacht erbaut. In den jeweiligen Seitenaufgängen des Kasernenblockes befanden sich Wohnungen. Diese wurden vom Regimentskommandeur und den Hauptwachtmeistern mit ihren Familien genutzt. Beim Wechsel des Kommandeurs zog der aus, der letzte Hauptwachtmeister Mitte 1970.

„Blumenthal-Kaserne“ (um 1975). Sammlung: Fiege

1959 erfüllt das Flakregiment 4 beide Gefechtsschießen (Frühjahr/Herbst) mit der Note „gut“. Die 1. Flakbatterie des Regimentes, Batteriechef Hauptmann Laux, erfüllte alle Gefechtsschießen mit der Note „sehr gut“.

Warten auf Luftziele. Sammlung: Heßmann

2. v.l. Oberstleutnant Heßmann bei Beratung mit Offizieren der Truppenluftabwehr. Sammlung: Heßmann

1958 werden die 1. und 2. Flakbatterie mit der Fla-Selbstfahrlafette (Fla-SFL)-57/2 ausgerüstet und die Führungsbatterie erhielt die Rundblickstation (RBS) P-10.

Schützenpanzerwagen PK-50 der Fla-SFL Batterie 57 mm. Sammlung: Braun

Rundblickstation RBS P10. Sammlung: Braun

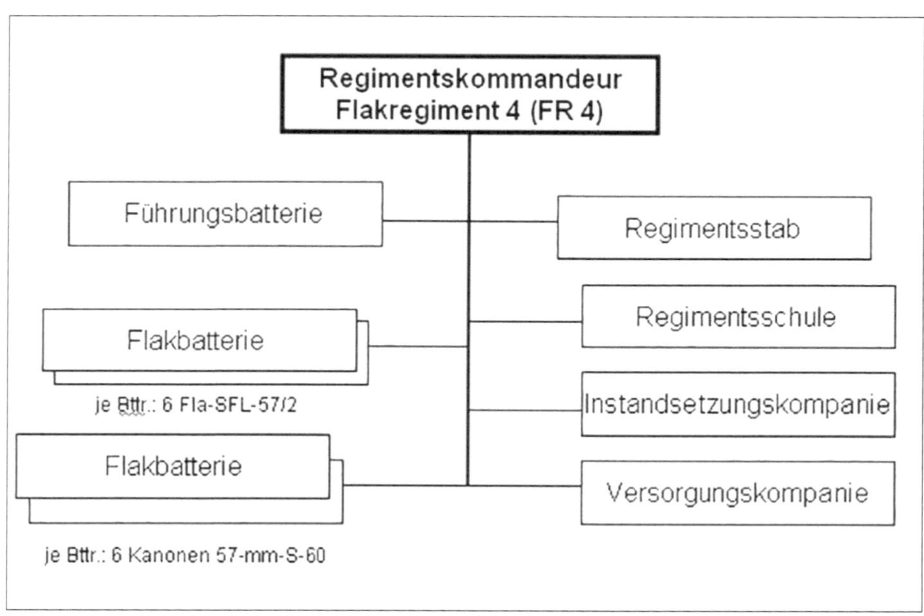

Strukturschema des Flakregiments 4. Sammlung: Autor

Am 01. März 1959 übergibt Generalleutnant Siegfried Weiß, Stellvertreter des Ministers für Ausbildung, die Truppenfahne an den Regimentskommandeur Oberstleutnant Fritz Heßmann.

Übergabe der Truppenfahne. Sammlung: Heßmann

Truppenfahne Flakregiment 4. Sammlung: Militärhistorisches Museum der Bundeswehr, Fotografie Ingrid Meier

Seit der Gründung der NVA durchlief die Truppenabwehr mehrere Phasen der Modernisierung. 1961 wurde sie zu einer selbstständigen Waffengattung. Das Flakregiment 4 wurde in der Regel zur Deckung der handelnden Truppenteile in der Hauptrichtung oder zur Deckung der Gefechtsstände eingesetzt. **Laut Befehl 58/61 des Ministers für Nationale Verteidigung wird am 06. September1961 das Flakregiment 4 zur Flakabteilung 4 umstrukturiert.**
In der Struktur gehörten nun eine Flakbatterie Fla-SFL-57/2 und zwei Flakbatterien 57-mm-Flakgeschütze. Zur Umstrukturierung wird die Fahnenschleife mit der Bezeichnung Flakabteilung 4 übergeben.

Am 06. April 1962 beginnen die ersten 179 Wehrpflichtigen aus dem Bezirk Suhl ihren Dienst in der Flakabteilung 4.
Im Herbst 1967 erhielt die Flakabteilung 4 neue Radzug- und Transportmittel vom Typ Ural 375D und einen SPW 40P2.

Anlässlich des Tages der Nationalen Volksarmee am 01. März 1968 erhält die Kaserne den Namen „Hermann Danz".

In Vorbereitung der Gefechtsschießen erfolgte ebenso die Verlegung an den Luftkorridor nach Westberlin zum Training im Aufklären, Auffassen von realen Luftzielen.

Aggregate SIZ 157. Sammlung: Braun

DDR Reise- und Verkehrskarte von Deutschland (neunfarbig)
Maßstab: 1:700 000 / VEB Landkartenverlag Berlin 1961.
Sammlung: Harald Rockstuhl

Flak- und Artillerieschießplatz Zingst
1. Entladestation Bresewitz.
2. Kommandantur Flakschießplatz in Zingst.
3. Truppenlager im Bereich der Müggenburg.
4. Flakschießplatz.

In jedem Ausbildungshalbjahr führte das Regiment auf dem Flakschießplatz in Zingst das Gefechtsschießen durch. Bis 1973 wurden je zwei Truppenteile im Bereich der Kommandantur untergebracht. Danach erfolgte die Unterbringung auf dem Flak- und Artillerieschießplatz im Bereich der Müggenburg. Dieser Name wurde mit Bedacht gewählt, es gab eine unerträgliche Plage von Mücken. Die Feldlager auf dem Truppenlager in Zingst dauerten in der Regel vier Wochen. Am Ende der Eisenbahnlinie Barth-Bresewitzt wurde die Technik über eine Kopf- und Seitenrampe entladen. Über die Meinigenbrücke, welche die Halbinsel Zingst mit dem Festland verbindet, verlegte die Marschkolonne zum Truppenübungsplatz. Die Unterbringung erfolgte in Zelten, geschlafen wurde auf Strohsäcken. Erst Anfang der 70er-Jahre standen Zeltliegen zur Verfügung. Im Winterhalbjahr wurden die Zelte mit Zeltöfen beheizt. Dies bedeutete für die Berufssoldaten eine außerordentliche hohe Belastung.

Eisenbahntransport vor Bresewitz. Sammlung: Braun

Der Zeitraum des Aufenthaltes auf dem Flakschießplatz erfolgte in den meisten Fällen während der Zeit der Ferien und war mit der Trennung von den Familien verbunden.

Während des Feldlagers wurden folgende Gefechtsschießen durchgeführt:

Lehrgefechtsschießen

Nr.1L Abwehr bei komplizierter Luftlage.
Nach besonderer Idee des Leitenden.

Nr.2L Batterie-/Zugschießen auf Jagdbomber und Sturzkampfflugzeuge.
2 Angriffe auf Feuerstellung. Vom Flugplatz Barth startete dazu der Doppeldecker AN-2 mit Zielscheiben beladen. Von den Armeeangehörigen „Anna“ genannt. Vom Flugzeug aus erfolgte das Abwerfen der Stuka- und Fallschirmscheiben auf Befehl.

Nr.3L Batterie-/Zugschießen auf Manöverziele mit Feuerverlegung.
Anflug von 2 Jagdflugzeugen MIG im Zeitabstand von 2 Minuten aus unterschiedlichen Richtungen. 1. Ziel mittlere Höhe Sturzflug. 2. Ziel geringe Höhe Steilflug.

Nr.4L Batterie-/Zugschießen auf Manöverziele bei Handlung aus kurzem Halt.
Anflug geringe Höhe, Steigflug. Nach 1 Minute Anflug eigenes Jagdflugzeug.

Nr.5L Batterie-/Zugschießen mit Visier auf Jagdbomber aus kurzem Halt.
2 Jagdflugzeuge aus unterschiedlichen Richtungen im Abstand 1 Minute.

Nr.6L Batterie-/Zugschießen auf Hubschrauber aus kurzem Halt.
Ziel in Standschwebe, Entfernung 100 bis 400 m.

Vorbereitungsgefechtsschießen

Nr.1V Zugschießen auf tief fliegende Ziel mit Visier.
Zum Schleppen des als Ziel dienenden Luftsackes wurden Flugzeuge der Typen IL 28 und L-39 vom Jagdgeschwader Peenemünde eingesetzt. Langjähriger Pilot der IL -28 war Oberstleutnant Ostwald.

Nr.2V Zugschießen auf Ziel am Fallschirm aus kurzem Halt.
Ziel Fallschirmscheibe oder auf Leuchtbomben. Von einem Werfer des Schießplatzes wurde ein Leuchtsatz in die Luft geschossen.

Schießen aus kurzem Halt. Sammlung: Braun

Schießen aus dem „kurzen Halt“. Sammlung: Braun

Schießen aus kurzem Halt. Sammlung: Braun

Schießen mit Feuerleitgerät auf Flugzeuge im Spiegelbildverfahren. Sammlung: Braun

Prüfungsschießen

Nr.3P Zugschießen auf Sturzziel nach Angaben mit Visier
Ziel Stukascheibe, es schießen alle Geschütze.

Nr.4P Batterieschießen Ziel manövriert und setzt Anti FM-Raketen ein.
2 Jagdflugzeuge fliegen an.

Nr.5P Batterieschießen mit. RPK auf Manöverziele mit Handlung eigener Luftstreitkräfte
1. Ziel fliegt in geringer Höhe an. 2. Ziel im Sturzflug.
Das Schießen nach Angaben des Feuerleitgerätes auf Flugzeuge im Spiegelbildverfahren stellte an alle Flaksoldaten hohe Anforderungen beim Umgang und Beherrschen der Technik. Von den Funkmessfeuerleitgeräten wurden reale Luftziele aufgefasst und begleitet. Mittels eines Spiegelbildgeräts wurde der Kurs auf eine fiktive Ebene projiziert, damit entstanden fiktive Ziele. Die Geschütze richteten ihre Rohre und das Feuer wurde zum berechneten Zeitpunkt eröffnet.

Nr.6P Batterieschießen mit RPK auf Manöverziele mit Feuerverlegung
Ziele: 2 Jagdflugzeuge aus gleicher Richtung.
1. Ziel: Übergang zum Sturzflug.
2. Ziel bei Steigflug.

Schießen auf Panzer. Sammlung: Braun

Nr.7P Batterieschießen auf Hubschrauber
2 Hubschrauberscheiben, je Zugschießen 2 Geschütze.

Nr.8P Batterieschießen auf Panzer.
2 Panzerscheiben bewegen sich auf Feuerstellung zu. Feuereröffnung bei 1000 bis *800 m*.

Beim Gefechtsschießen im II. Ausbildungshalbjahr 1974 erreichte das Regiment die Gesamtnote „sehr gut“. Für die ausgezeichneten Leistungen stellte der Kommandant des Flakschießplatzes Oberst Weidauer, an zwei Nachmittagen seine Barkasse zur Verfügung. Dies war ebenso ein Ausdruck der jahrelangen, guten Zusammenarbeit mit dem Regimentskommandeur Oberst Reblitz. Die erste Route führte von Zingst nach Dierhagen, die zweite Route um Hiddensee. Für die Teilnehmer ein bleibendes Erlebnis.

Verpflegungspunkt im Feldlager. Sammlung: Autor

Der Autor erinnert sich:
Ein einmaliges Jagderlebnis, die Pirsch eine bleibende Erinnerung
Nur auf dem Flak-Artillerieschießplatz Zingst habe ich erlebt, dass einmal wöchentlich der Kommandant des Schießplatzes, Oberst Weidauer ohne Anmeldung durch das Zeltlager auf den Sundischen Wiesen ging und die Ordnung und Sauberkeit inspizierte. Das habe ich auf keinem anderen Schießplatz so erlebt. Braungebrannt und sehr schlank, von allen wurde er „Lederstrumpf“

genannt. Hartnäckig hielt sich das Gerücht, dass er früher zur Zeit der Wehrmacht der Hauptfeldwebel vom Generaloberst Stechbarth gewesen sei.
In der Zeit des Flakschießens war das gesamte Regiment für mehr als vier Wochen im Zeltlager in 5x5 Zelten untergebracht.
An einem Samstagabend lag ich mit dem Regimentsarzt gelangweilt auf unserer Feldliege im Zelt. Bis zur Filmvorführung war noch Zeit. Das Besondere an den Filmvorführungen war, dass jeder seine Dienstuniform bis zum Hals geschlossen hatte. Zum Teil waren die Gesichter mit Mückennetzen bedeckt. Geraucht wurde, um die Mücken zu vertreiben. Nirgends habe ich mehr Mücken erlebt wie bei diesen Feldlagern.
Plötzlich stand unser Regimentskommandeur Oberts Reblitz im Zelteingang. Nach einem kurzen Gespräch fragte er uns, ob wir mit zur Jagd gehen möchten. Uns war anzumerken, dass wir dazu eigentlich keine Lust verspürten. „Los holt eure Ferngläser, in 10 Minuten fahren wir vor meinem Zelt ab“. Als Regimentskommandeur und Jäger war er seit vielen Jahren zweimal jährlich auf dem Schießplatz und kannte sich sehr gut aus. Nach einer kurzen Fahrt stellten wir das Fahrzeug ab und begaben uns auf Pirsch. Wir waren noch nicht sehr weit gegangen, als wir an einem Hochsitz angekommen waren. In einer Höhe von über 5 Metern war ein kleiner Sitz vorhanden. Der war mit Sicherheit nicht für vier „Beobachter“ gebaut. Beim Besteigen schwankte der Sitz wie ein Schiff in grober See. Ein Wunder, das er nicht zusammengebrochen ist. Wir wurden darauf hingewiesen, uns ruhig zu verhalten oder nur zu flüstern.
Nach kurzer Zeit konnten wir erste Geräusche vernehmen. Ein kapitaler Hirsch zog auf unseren Hochsitz zu. Damit hätte ich nicht gerechnet, einen Hirsch aus weniger als 10 Metern Entfernung zu beobachten. Mit seinem großen Geweih lehnte er sich mit der Schulter an die Leiter und begann sein Fell zu kratzen. Als er damit anfing, löste es bei allen ein Angstgefühl aus. Mit jeder Bewegung glaubten wir, er schüttelte uns in die Tiefe. Es nahm kein Ende. Bis der Regimentskommandeur an das Holz klopfte und der Hirsch sich ohne Eile entfernte. Er war noch in Sichtweite, als erneut Geräusche auf uns zukamen. Es war ein Rudel von über 10 Hirschen. Direkt unter unserem Hochsitz ästen sie.

Vorhandene Technik im Truppenteil

Zu jeder Batterie gehörten 3 Zugmittel ATS in der Struktur. Diese wurden später gegen den Tatra 813 ausgetauscht.

Einführung der Zugmittel ATS. Sammlung: Heßmann

Das Kommandogerät GRS-9a. Sammlung: Braun

Zugmittel ATS im Stellungsraum. Sammlung: Hopfe

Das neue Feuerleitgerät E2BD 1A. Sammlung: Braun

Die Führungsbatterie angetreten vor der Rundblickstation RBS-15

Ein Erinnerungsfoto an die Dienstzeit. Sammlung: Hopfe

Führen der Funkverbindung zur Luftlage. Sammlung: Heßmann

Fla-SFL-57/2 Besatzung wartet auf das Flugziel. Sammlung: Braun

Die 3. und 4. Flakbatterie erhalten anstelle der GRS-9a das Kommandogerät E2BD und das neue Feuerleitgerät RPK-1A.

Die Umstrukturierung zum Flak-Regiment 4 erfolgt am 01. Dezember 1971 mit vier Flakbatterien mit 57-mm-Flakgeschützen S60. Die neue Fahnenschleife wird feierlich übergeben.
In Anwesenheit der Mutter von Hermann Danz, wurde dem Truppenteil am 01. März 1972 der Name „Hermann Danz" verliehen, gleichzeitig erhielt das Regiment eine neue Fahnenschleife mit dieser Bezeichnung.

Mit in der Kaserne waren folgende Einheiten untergebracht:
Sanitätsbataillon 4
Kompanie Chemische Abwehr 4
Feldbäckereikompanie 4
Waffenwerkstatt des Armeesportklubs „Vorwärts"
Militärgericht Erfurt
Militärhandelsorganisation ab 1973

Der Umrüstungsprozess bei der Truppenluftabwehr auf die Fla-Raketentechnik begann im Zeitraum des Aufbaues des Kommandos der Landstreitkräfte.

1976 verlegt das Flakregiment 4 in Vorbereitung auf kommende Umstrukturierungsmaßnahmen in die Henne-Kaserne.

Ab dem 01. November 1978 beginnt die Umstrukturierung zum Fla-Raketenregiment 4 mit dem Fla-Raketenkomplex RK 2K12 „Kub".

Startrampe (SR) 2P.
Sammlung: Lowack

Aufklärungs- und Leitstation (ALS) 1S91.
Sammlung: Lowack

Fahnenschleife mit der neuen Bezeichnung.

Gleichzeitig wird dem Regiment die Fahnenschleife mit der neuen Bezeichnung Fla-Raketenregiment 4 übergeben.

Einsatz in der NVA

Ab 1976 begann die Umstrukturierung der Flakregimenter der Mot.-Schützen- und Panzerdivisionen zu Fla-Raketenregimentern. Diese erhielten als Bewaffnung den Fla-Raketenkomplex RK 2K12, der sich durch eine zum damaligen Zeitpunkt unerreichte Mobilität und Störsicherheit auszeichnete.

Zum Fla-Raketenregiment gehörten 4 Fla-Raketenbatterien, die Führungsbatterie (FüBttr), die technische Batterie (TBttr), eine Instandsetzungskompanie (Ikp) und eine Transport- und Versorgungskompanie (TVK), später die Kompanie Materielle Sicherstellung. Das Regiment verfügte über einen Bestand von 24 vorbereiteten Fla-Raketen auf den Gefechtsstartrampen

Technikkontrolle. Sammlung: Nothnagel

sowie 180 Fla-Raketen in Transportcontainern. Das entsprach 3 Kampfsätzen. Weitere Fla-Raketen befanden sich bei der beweglichen Fla-Raketentechnischen Basis des Kommando Militärbezirk III in Hohenmölsen.

Nach einer erfolgreichen Überprüfung durch das Kommando der Landstreitkräfte wird das Fla-Raketenregiment 4 ab 01. Mai 1979 in das System der ständigen Gefechtsbereitschaft übernommen.

Bei der Fahrausbildung. Sammlung: Nothnagel

Teil der Gefechtsausbildung ist die Fahrausbildung, die alle theoretischen und praktischen Maßnahmen zur Aneignung der Fertigkeiten im Fahren gepanzerter Fahrzeuge umfasst.

In Vorbereitung und Zulassung für das erste Gefechtsschießen in der Sowjetunion im Juni 1979 führt das Fla-Raketenregiment 4 ein Feldlager auf dem Truppenübungsplatz Lieberose durch. Unter der langjährigen Führung des Regimentskommandeurs Oberst Reblitz verlegt im September 1979 das Fla-Raketenregiment 4 zu seinem ersten Gefechtsschießen. Das Regiment verlegte im Eisenbahntransport zum Fla-Raketenschießplatz in die kasachische Steppe. In Brest erfolgte die Umladung der Technik auf Breitspurwaggons. Nach weiteren 8 bis 10 Tagen wurde der Entladebahnhof Ashuluk erreicht.

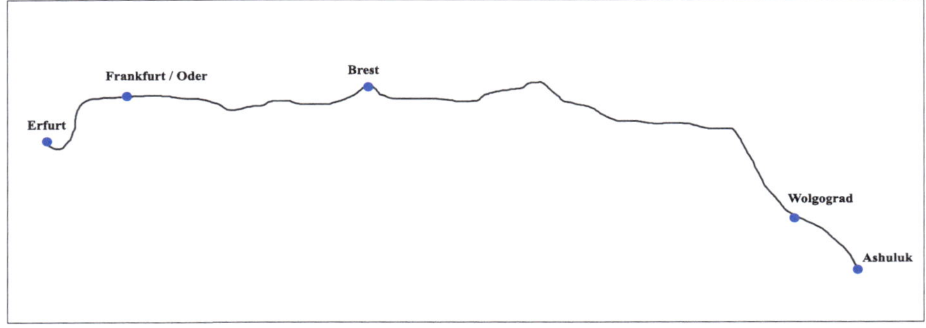

Wichtigste Stationen der Verlegung im Eisenbahntransport.

Entladung der Gefechtstechnik in der Wüste 1979. Sammlung: Deparade

Der Schießplatz liegt schon in Asien. Ca. 60 km von der Bahnstation Ashuluk immer der Stromleitung entlang, befindet sich ein Flugplatz (Betonbahn) mit einem Militärposten mitten in der Wüste. Das Erstschießen erfolgten auf ein ferngesteuertes Flugziel LA-17. Später kamen die Raketenscheiben „RM-207" und „Belka" als schnell- und tieffliegende Flugziele hinzu.

Ferngesteuertes Flugziel LA-17. Sammlung: Lowack

Zuführung und Beladen der Startrampen mit 3M9 Raketen. Sammlung: Lowack

Start der ersten Fla-Rakete 3M9 „KUB“ beim Start in Ashuluk. Das Fla-Raketenregiment 4 erfüllt alle Aufgaben mit der Note „gut“. Sammlung: Lowack

Aufklärungs- und Leitstation (ALS) 1S91. Sammlung: Lowack

1979 während einer Gefechtspause. Sammlung: Braun

Regiment angetreten zum Abschlussappell. Sammlung: Wille

Der Kommandeur der 4. Mot. Schützendivision, Oberst Gleau (l.),überzeugt sich vom Leistungsstand des Regimentes beim Gefechtsschießen. Sammlung: Wille

Am 01.März 1981 wird dem Fla-Raketenregiment 4 der Kampforden „Für Verdienste um Volk und Vaterland" in Bronze verliehen. Sammlung: Lowack

Vorbeimarsch nach erfolgter Auszeichnung. Sammlung: Lowack

1982, nach Fertigstellung des Stellungssystems auf dem Erfurter Drosselberg, Aufnahme im Diensthabenden System der Luftverteidigung der DDR.

Das Fla-Raketenregiment 4 führte insgesamt sechs Truppenübungen mit Gefechtsschießen in der Sowjetunion durch: 1979, 1981, 1982, 1984, 1986, 1988.

Fahnenschleife

Vertrauliche Verschlußsache!
VVS-Nr.: B 598 446 1.Ausf., Bl. 2

2. Eingesetzte Führungsstellen und Truppenteile im DHS

FO/TT	Zeitraum des Einsatzes
(1) Diensthabende Kräfte	
- GeGS FK/TLA MB-III/-V	01.12.87 - 31.05.88
- FRR-3	01.12.87 - 15.04.88
- FRR-4	01.12.87 - 30.03.88
- FRR-5	01.12.87 - 15.04.88
- FuTB-3	01.12.87 - 30.03.88
- FuTB-5	01.12.87 - 16.04.88
(2) Bereitschaftskräfte	
- FRR-1	01.12.87 - 30.04.88
- FRR-7	01.12.87 - 31.05.88
- FRR-9	01.12.87 - 29.02.88
	05.04.88 - 31.05.88
(3) Funkmeßaufklärungsstationen der MSD	
- 1 RBS-19 des CTLA 4. MSD	02.05.88 - 31.05.88
- 1 RBS-19 des CTLA 11. MSD	02.05.88 - 31.05.88

Damit waren außer den FRR-8 und -11 (Durchführung der taktischen Übung mit Gefechtsschießen) alle Funktechnischen und Fla-Raketen-Truppenteile der Truppenluftabwehr im 1. AHJ im DHS eingesetzt.

Eingesetzte Führungsstellen im Diensthabenden System.
Sammlung: NVA Forum

Von den Fla-Raketen 3M9 („KUB“, NATO: SAM 6) gab es in der NVA Ende Juli 1990 insgesamt 1363 Stück.

Durch den Stellvertreter des Chefs Truppenluftabwehr Oberst Gerber erfolgte am 24. Januar 1990 eine Kontrolle. Das Diensthabendensytem war gut organisiert und der Personalbestand trat sehr diszipliniert auf. Der Kommandeur

1982 verlässt der Regimentskommandeur Oberst Gerber (r.) das Fla-Raketenregiment 4. Der Kommandeur der 4. Mot. Schützendivision Generalmajor Gleau übergibt die Truppenfahne an den neuen Regimentskommandeur Oberstleutnant Cerveny. Sammlung: Wille

hatte eine gute Verbindung zum „Runden Tisch“ hergestellt und war mehrfach Gastgeber. Daher traten kaum Probleme wie in anderen Standorten auf.
Major Thum informierte den Leiter der Kontrollgruppe, dass er bemüht ist, seinen Dienst kurzfristig zu beenden. Entsprechend der vorgetragenen Gründe wurde dafür Verständnis gezeigt.

Major Keller hatte im März die Dienstgeschäfte des Regimentskommandeurs von Oberstleutnant Thum übernommen.
Mit Schreiben vom 17. August 1990 des Minister für Abrüstung und Verteidigung wurde mit sofortiger Wirkung das Diensthabende System aufgelöst.
Ende September wurden die Fla-Raketen 3M9 von der Endbereitschaftsstufe in die Langzeitlagerung überführt.

In persönlichen Gesprächen wird bekannt, dass mit Schreiben vom 05. September 1990 alle Truppenteile, Dienststellen und Einrichtungen in die Kategorien „A“, „B“, „C“ eingegliedert wurden.
„A“: zu übernehmende Einrichtungen, „B“: zu übernehmende und nach einer Übergangsfrist aufzulösende Einrichtungen, „C“: sofort aufzulösende Einrichtungen.

Im November 1990 erfolgt die Festlegung, dass bis zum 31. März 1991 alle Truppenteile der sogenannten Kategorie „C“ aufgelöst werden.

Der zeitliche Ablauf anhand des Befehls Befehl Nr. 1 Bundeswehrkommando Ost, – Befehlshaber – vom 08. Oktober 1990 wurden die Fla-Raketenregimenter mit Wirkung vom 04. Oktober 1990 der 1. Luftwaffendivision unterstellt. Im Befehl des Bundeswehrkommandos Ost vom 16. November 1990 gehört sie wieder zum Heer. Die Unterstellung wechselte in diesen ersten Wochen zweimal. Vom Herr zur Luftwaffe innerhalb der Luftwaffe und dann wieder zum Heer. Das Regiment wurde ausschließlich zur Auflösung rückunterstellt.

Die Frustration im Umgang, wie vom Kommandeur bis zum Soldaten umgegangen wurde, ist kaum vorstellbar und nachvollziehbar. Damit ist der Weg des einstigen stolzen Truppenteils, der zu den besten Einheit seiner Waffengattung zählte, zu Ende gegangen.

Mit der Auflösung erfolgte die Überführung der Technik nach Trier zur Abgabe. Die Fla-Raketen 3M9 („KUB“) wurden in Tautenhein übergeben.

Einige Waffensysteme wie Startrampen, Aufklärungs- und Leitstationen wurden unter Regie ehemaliger Offiziere vom Fla-Raketenregiment 4 an die Bundeswehr übergeben. Diese Technik diente zur Feinddarstellung und Aufklärungszwecken für NATO-Piloten an verschiedenen Militärflugplätzen. Den Streitkräften der USA wurden einige Fla-Raketenkomplexe und Spezialausrüstung sowie Kernstrahlungsmessgeräte und Technik zur Messung unterschiedlicher eingesetzter Kampfstoffe übergeben. Es ist nicht auszuschließen, dass der Einsatz dieser Technik bereits im 1. Golfkrieg erfolgte.

Weitere Startrampen des Regimentes wurden im Fernsehen bei der Verladung in Bremerhaven gesehen und wieder erkannt.

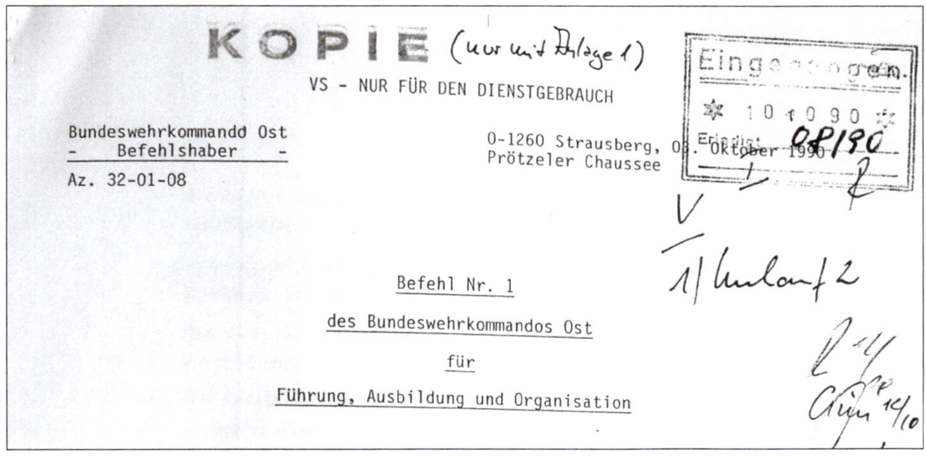

KOPIE (nur mit Anlage 1)

VS - NUR FÜR DEN DIENSTGEBRAUCH

Bundeswehrkommandd Ost
\- Befehlshaber -

Az. 32-01-08

0-1260 Strausberg, 08. Oktober 1990
Prötzeler Chaussee

Befehl Nr. 1

des Bundeswehrkommandos Ost

für

Führung, Ausbildung und Organisation

Befehl Nr.: 1 des Bundeswehrkommandos Ost. Sammlung: Rüddenklau

(2) Die FlaRgt 1, 4, 7, 8, 9 und 11 werden mit Wirkung vom 04.10.1990 der 1. Luftverteidigungsdivision unterstellt.

Die Unterstellung. Sammlung: Rüddenklau

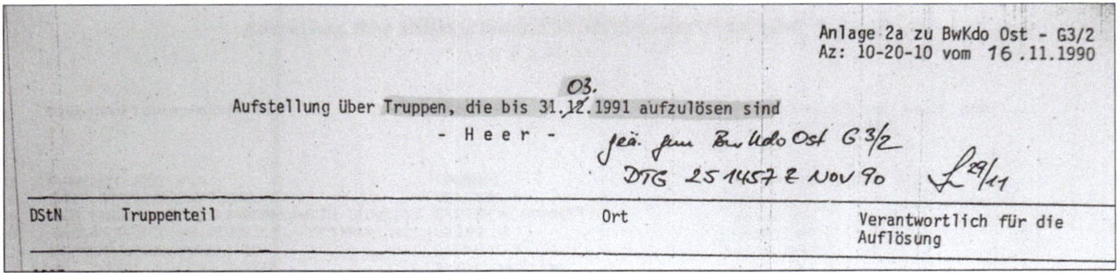

Anlage 2a zu BwKdo Ost - G3/2
Az: 10-20-10 vom 16.11.1990

Aufstellung über Truppen, die bis 31.03.1991 aufzulösen sind

\- Heer -

DStN	Truppenteil	Ort	Verantwortlich für die Auflösung

Anlage 2a zu BwKdo Ost. Sammlung: Rüddenklau

2307 FLA-RAKETENREGIMENT 4 ERFURT WBK VII

Die Endgültige Auflösung. Sammlung: Rüddenklau

Stand der Auffüllung am 01.Oktober 1990														
Gesamt		Offiziere		Fhnr		BU		UaZ		US	GWD		%	Zivilb	
Soll	Ist	Soll	Ist	Soll	Ist	Soll	Ist	Soll	Ist	Ist	Soll	Ist		Soll	Ist
436	296	71	63	31	13	41	30	98	36	19	195	135	67,9	12	2

Stand der Auffüllung. Sammlung: Autor

Geschosswerferabteilung 4 „Otto Franke“

Aufgestell 1974

Kommandeure

1974 bis 01.06.1980
Oberstleutnant
Krug, Horst

01.07.1980 bis 30.11.1982
Oberstleutnant
Kriesten, Klaus

01.11.1982 bis 31.08.1984
Oberstleutnant
Heller, Reinhard

01.09.1984 bis 30.09.1985
Major
Halle, Axel

01.10.1985 bis 30.09.1989
Oberstleutnant
Adams, Horst

01.10.1989 bis zur Aufl.
Major
Röscher, Ulrich

1974 wurde aus der Geschosswerferbatterie des Artillerieregimentes 4 die selbstständige Geschosswerferabteilung 4 aufgebaut.

Mit der Aufstellung der Geschosswerferabteilung 4 begann die Umrüstung der Geschosswerfer BM 21.

Letztes Gefechtsschießen mit Geschosswerfers BM 21. Sammlung: Krug

Ausgerüstet wurde die Geschosswerferabteilung 4 mit dem weiterentwickelten Geschosswerfer RM 70 auf Tatra Kfz T 813/815. Die Raketen beider Systeme waren flügelstabilisiert. Die Fahrerkabine war leicht gepanzert. Der Geschosswerfer hatte 40 Rohre im Kaliber 122,4 mm und eine Nachladeeinrichtung für 40 Geschosse, mit dessen Hilfe eine zweite Salve geladen werden konnte.

Geschosswerfer RM 70 in der Feuerstellung. Sammlung: Krug

Geschosswerfer sind gegen Flächenziele besonders wirksam. Weitere wichtige Ziele waren Raketen- und Artilleriestellungen, Funkmessstationen und gegnerische Kolonnen. 720 Geschosse in 20 Sekunden abgefeuert hätten eine entsprechende Wirkung gezeigt. Die Reichweite betrug 20750 Meter. Der Werfer wurde in der Tschechoslowakei hergestellt.
Die Geschosswerferabteilung hatte 3 Batterien mit 18 Werfern.

Leistungsvergleich mit dem Partnertruppenteil der 39. Garde-Mot. Schützendivision während eines Feldlagers 1978. Sammlung: Krug

Geschosswerfer RM 70 beim Stellungswechsel. Sammlung: Krug

01. März 1980 übergibt der Kommandeur der 4. Mot. Schützendivision Oberst Gleau die Truppenfahne an die Geschosswerferabteilung 4

Sammlung: Militärhistorisches Museum der Bundeswehr, Fotografie Ingrid Meier

Übergabe der Truppenfahne von Major Halle an Oberstleutnant Adams. Sammlung: Autor

Vorbeimarsch nach der Übernahme der Geschosswerferabteilung 4. Sammlung: Autor

Beziehen der Feuerstellung unter Schutzausrüstung. Sammlung: Krug

Bereit zur Übernahme der Geschosse. Sammlung: Krug

Beim Beladen. Sammlung: Autor

07. Oktober 1980 wird die 3. Batterie, Batteriechef Oberleutnant Mäder mit der Verdienstmedaille der NVA in Bronze ausgezeichnet.

Feuerleitung. Sammlung: Krug

Werferstaffel RM 70 im Warteraum. Sammlung: Krug

Übergabe der Geschosswerferabteilung 4 am 01. Oktober 1985.
Durch den Chef Raketentruppen Artillerie der Landstreitkräfte wurde befohlen, mit Beginn des Ausbildungsjahres 1984/85 alle Feueraufgaben bei Truppenübungen mit dem System BM-24 zu schießen. Von jeder Batterie wurde 1 BM-24 Geschosswerfer als sogenanntes Austauschkaliber beim Gefechtsschießen genutzt. Dies hatte ausschließlich ökonomische Gründe. Damit trat eine Vielzahl von Problemen auf, wie die parallele Ausbildung der Werferstaffeln am System RM-70 und BM-24 in sehr kurzer Zeit. Vorgesetzte mit den erforderlichen Kenntnissen und Erfahrungen zum Werfer BM-24 waren bereits vor Jahren in die Reserve versetzt worden. Seinen deutlichen Niederschlag fand dies in der Benotung der Truppenübung.

27. Februar 1987 wird dem Truppenteil der Ehrenname „Otto Franke“ verliehen.

Anbringen der Ehrenschleife durch den Leiter der Politabteilung der 4. Mot. Schützendivision, Oberst Hahnemann. Sammlung: Autor

Übergabe der Geschosswerferabteilung 4 am 30. September 1990

Abschreiten der Front durch den Chef Raketentruppen/Artillerie der 4. Mot. Schützendivision, Oberst Müller. Sammlung: Autor

Übergabe der Truppenfahne von Oberstleutnant Adams an Hauptmann Röscher. Sammlung: Autor

Die Führung der Geschosswerferabteilung 4 v.l. Oberstleutnant Adams, Major Hoffmann, Hauptmann Röscher, Major Jarosch, Hauptmann Schleinitz, Major Brinkmann. Sammlung: Autor

Das letzte Foto vor der entfalteten Truppenfahne. Stellvertreter des Kommandeurs für Rückwärtige Dienste Major Brinkmann. Sammlung: Brinkmann

Der letzte Appell mit Truppenfahne.
Sammlung: Brinkmann

Niederlegen der Truppenfahne zur Abgabe am 02. Oktober 1990.
Sammlung: Brinkmann

Strand der Auffüllung am 01.Oktober 1990															
Gesamt		Offiziere		Fhnr		BU		UaZ		US	GWD		%	Zivilb	
Soll	Ist	Soll	Ist	Soll	Ist	Soll	Ist	Soll	Ist	Ist	Soll	Ist		Soll	Ist
205	77	23	17	10	2	7	7	60	16	6	105	29	37,6	10	2

Strand der Auffüllung am 01. Oktober 1990. Sammlung: Autor

Die Auffüllung der Geschosswerferabteilung 4 zeigt die Entwickelung in den Streitkräften. Mit den vorhandenen Kräften war die Abteilung handlungsunfähig. Es ist davon auszugehen, dass sich der Personalbestand bis zum 31. März 1991 weiter verringerte. Die verbleibenden Armeeangehörigen wurden an das Artillerieregiment 4 übergeben.

3. Instandsetzungskompanie / Instandsetzungsbataillon 4

Oberstleutnant a.D. Meifarth, Hans-Jürgen erinnert sich ...
Meine Zeit als Soldat in Erfurt

1975 bis 1979 Leutnant und Zugführer eines Instandsetzungszuges im Mot. Schützenregiment 24
1977 Beförderung zum Oberleutnant
1979 bis 1981 Offizier für Munition
1980 Beförderung zum Hauptmann
1981 bis 1986 Zugführer des 1. Zuges der 3. Kompanie/Instandsetzungsbattaillon 4
1986 Beförderung zum Major
1986 bis 1993 Kompaniechef der Kompanie; ab März 1991 die 3. Kp/InstBtl 702
1991 Rückstufung zum Hauptmann im Rahmen der Übernahme in die Bw
1993 bis 1997 Technischer Stabsoffizier des Pionierbataillon 701 in Gera
1994 Beförderung zum Major
1997 bis 2001 KLV Stabsoffizier des InstBtl 12 in Walldürn
2000 Beförderung zum Oberstleutnant
2001 bis 2010 Dezernats- und Sachgebietsleiter für Depotinstandsetzung

Ich bin Jahrgang 1952 und habe es in meinem Leben auf eine Zeit von fast vierzig Jahren als Soldat gebracht, obwohl ich eigentlich lieber Fußballer geworden wäre.
Vom 28. August 1972 bis zum 02. Oktober 1990 war ich Angehöriger der NVA, zuletzt im Dienstgrad eines Majors und Kompaniechef einer Instandsetzungskompanie und ab dem 03. Oktober 1990 bis zum 31. Dezember 2010

Soldat der Bundeswehr, zuletzt im Dienstgrad eines Oberstleutnants und Sachgebietsleiter für Depotinstandsetzung.
Meine erste Begegnung mit der Kompanie ging auf das Jahr 1973 zurück. Ich absolvierte hier im Rahmen meines Studiums mit drei anderen Kameraden ein erstes mehrwöchiges Praktikum.
Es war eine tolle Zeit, auch dank des damaligen Kompaniechefs Major Dieter Löhr.

Ein paar Gedanken zur Kompanie, deren Gliederung und ihren Aufgaben:
bis zu Strukturänderungen in der NVA Anfang der 70er-Jahre war die Kompanie eine selbstständige Artilleriewerkstatt (AW-4) der Division. Mit der Umstrukturierung 1971 wurde die Einheit als 3. Kompanie dem Instandsetzungsbataillon Standort Gotha angegliedert.
Für die Kompanie blieb der Standort weiterhin Erfurt.
Schwerpunkte in der Instandsetzung für die Kompanie waren immer Handfeuerwaffen, optische Systeme, Artilleriewaffen und der Funkmesstechnische Bereich.
Gliederung und Aufgaben:
Die Kompanie hatte eine Personalstärke von 40 Armeeangehörigen und 7 zivilen Mitarbeitern.
Die Kompanie wurde durch einen Kompaniechef geführt, dem zwei Zugführer, 6 Gruppenführer und der Kompaniefeldwebel als Führungskräfte bei der Erfüllung des Auftrages zur Seite standen.
Der Kompaniechef war militärischer Führer und gleichzeitig im Instandhaltungsprozess der Technologe der Einheit.
Jeder Instandsetzungszug verfügte über drei Instandsetzungsgruppen.
Die vorrangigen Leistungen, die nach den Vorschriften des Waffentechnischen Dienstes zu erbringen waren, sind folgende gewesen:
- *die Technische Wartung Nr. 2 (TW-2),*
- *die Durchführung von laufenden Instandsetzungen (LI),*
- *Instandsetzung nach Befund,*
- *Mess- und Prüfarbeiten sowie*
- *Bergung von Gerät.*

Der 1. Zug:
1. Die Artillerieinstandsetzungsgruppe GF Stabsoberfähnrich Harald Leißner Instandsetzung der Artilleriesysteme der Division, z.B. die 122 mm Haubitze D-30, die 152 mm Kanonenhaubitze D-20 oder die 100 mm PaK MT-12.

2. Die Optikinstandsetzungsgruppe GF Stabsfeldwebel Hendrik Decker Instandsetzung der optischen Systeme der Division z.B. das DF 7x40 oder das EDF sowie optische Systeme der Artillerie.

3. Die Schützenwaffeninstandsetzungsgruppe GF Stabsfeldwebel Klaus Langenhan Instandsetzung der Schützenwaffen der Division, z.B. 9 mm Pistole Makarow oder die Varianten der Kalaschnikow wie der 7,62 mm MPi AK-47, AKS, einschließlich der in Lizenz hergestellten Maschinenpistole der 5,45 mm MPi AK-74 und Varianten.

Der 2. Zug:
1. Die Funkmessinstandsetzungsgruppe GF Oberfeldwebel Michael Kords. Instandsetzung und Überprüfung der Funkmesseinrichtungen und -Stationen.

2. Die Instandsetzungsgruppe für PALR-Systeme GF Oberfähnrich Frank Heilmann.
Instandsetzung der PALR-Systeme der Division, z.B. 9 M 122 und die dazugehörigen Trainer.

3. Die Prüfgruppe für FlaRaksysteme GF Stabsfeldwebel Andreas Bredehorn Prüfen und Instandsetzung von FlaRakSystemen geringer Reichweite.

Letzte Holminstandsetzung an einer 122 mm Haubitze H-38, auf dem Werkstatthof. Sammlung: Meifarth

Instandsetzungsbataillon 4 mit zwei Vertretern der Pateneinheit. Sammlung: Meifarth

Auch dieser Zug verfügte neben der umfangreichen stationären Instandsetzungseinrichtungen über die verschiedensten fahrbaren Werkstätten auf Basisfahrzeugen wie dem Gas 69, Gas 66, Sil 131 oder dem Lkw Ural 375 D. Der weitere Werdegang der Kompanie nach dem 03. Oktober 1990.

Ab 03. Oktober 1990 wurde neuer Kommandeur des InstBtl OTL Ziegler und sein Stellvertreter (S3) Major Korte im Standort Gotha.
Unter Führung des neuen Kommandeurs des InstBtl hatte die Kompanie folgende Aufgaben zu bewältigen:

- Abschluss der Einlagerung und Abgabe der MPi AK 47,

-Vorbereitung und Abgabe aller stationären und fahrbaren Instandsetzungseinrichtungen/Werkstattwagen der Kompanie,

- Erste Ausbildung im Rahmen der Bundeswehr.

Verantwortlicher Offizier der Bundeswehr in Erfurt „Henne-Kaserne" war Major Eikel, gleichzeitig auch erster Ansprechpartner für mich am Standort.
Anfang 1991 erhielt die Kompanie den Auftrag, von Erfurt nach Gotha zu verlegen und dort den Grundstein für eine neue Einheit der Bundeswehr der 3Kp/InstBtl 702, unterstellt.

Nach Umbenennung verlegte Ende 1991 der BtlStab des InstBtl 701 nach Erfurt in die Löberfeld-Kaserne. 1994 Umbenennung des Bataillons in InstBtl 131 und 2003 Verlegung nach Bad Frankenhausen.

Funktechnisches Bataillon 51
„Paul Schäfer“

Aufgestellt 1961 als
Funktechnisches Bataillon 1

1963 Verlegung in die Henne-Kaserne

1976 Verlegung nach Sprötau (bei Sömmerda)

Kommandeure des Funktechnischen Bataillons

1962–1963 Hauptmann Wollenberg
1963–1972 Oberstleutnant Messing
1972–1973 Hauptmann Zimmermann
1973–1980 Oberstleutnant Messing
1981–1982 Oberstleutnant Pommer
1982–1990 Oberstleutnant Nique

Wolfgang Fiege erinnert sich:

15 Jahre lang war Erfurt die Garnisonstadt der Militärangehörigen mit dem blauen Kragenspiegeln und der silbernen Schwingen.

1957 Beginn des Aufbaues des Funkmesssystems durch die funktechnischen Truppen der Luftstreitkräfte/Luftverteidigung.

1959 Aufbau der Funktechnischen Kompanie Kranichborn/Sömmerda, „Pulverturm“.

1960 Aufbau der Funktechnischen Kompanie Neustadt und Athenstedt.

1961 Beginn der Bildung von Luftverteidigungsdivisionen.

Stab Funktechnisches Bataillon 1. Sammlung: Fiege

1961 Aufbau des Funktechnischen Bataillon 1 *in Kranichborn/Sömmerda („Pulverturm") gemeinsames Objekt mit der Funktechnischen Kompanie 268.*
1962 den Luftstreitkräften werden zur Sicherung des Luftraumes der DDR Teilaufgaben im Diensthabenden System der Warschauer Vertragsstaaten zugewiesen.

1963 Vollständige Einbeziehung der Luftstreitkräfte/Luftverteidigung in das Diensthabende System des Warschauer Vertrages.

1963 das Funktechnische Bataillon 1 (FuTB-1) zieht nach Erfurt in die Henne-Kaserne, der Wechselgefechtsstand des Funktechnischen Bataillons bleibt in der Funktechnischen Kompanie 268.

Hauptaufgaben der Luftverteidigung waren:

- *ununterbrochene Luftraum-Aufklärung, vor allem des grenznahen Raums zur BRD,*
- *Meldung der Luft- und Gefechtslage,*
- *Handlung gegen Luftfahrzeuge, die widerrechtlich in den Luftraum der DDR eindringen,*
- *Abwehr überraschender Angriffe des Luftgegners,*
- *Überführung der Führungsorgane und Truppen in höhere Stufen der Gefechtsbereitschaft,*
- *Sicherstellung von Staatsflügen sowie von Manövern der DDR,*
- *Ergreifung notwendiger Maßnahmen zur Verhinderung widerrechtlicher Ausflüge aus dem Hoheitsgebiet der DDR,*
- *Überwachung der Luftkorridore, die der Alliierte Kontrollrat den amerik., engl. und franz. Streitkräften zur Versorgung ihrer dort stationierten Truppen eingeräumt hatte:*
  - *Luftkorridor 1: Hamburg-Westberlin,*
  - *Luftkorridor 2: Hannover-Westberlin,*
  - *Luftkorridor 3: Frankfurt/M.-Westberlin*

Funktechnisches Bataillon 51

1974 wurde das Funktechnische Bataillon 1 nach der Reorganisation in Funktechnische Bataillon 51 umbenannt.
Ehemals Funktechnisches Bataillon 1 (Postschließfach 3941)
Tarnnamen: „Komponente", „Sturzhelm",
„Königstiger", nach 1980: „Motorantrieb"
Truppenteil: „Paul Schäfer"; Namensverleihung am 1. März 1970

1963 Umzug des Funktechnischen Bataillons nach Erfurt in die Henne-Kaserne.
Mit erfolgtem Umzug 1963 wurden in der Henne-Kaserne die beiden Gebäude genutzt, die zur Stadt hin lagen. Zwischen diesen Gebäuden befand sich eine Leichtbaubaracke, welche von der Nachrichtenkompanie belegt wurde. Im Parterre des rechten Gebäudes (Stabsgebäude) befand sich der Gefechtsstand. 1. Leiter war Hauptmann Braun.
1965 Sicherstellung des Luftraums beim Manöver „Oktobersturm“.
Das Jahr 1965 stellte hohe Ansprüche an die Angehörigen im Gefechtsdienst. Ende Juli wurde die Luftverteidigungsübung „Zenit 65“ von allen Kräften des Warschauer Paktes durchgeführt, ihm folgte das Manöver „Oktobersturm“. Die Aufgabe des FuTB-1 war es, die fliegerische Sicherstellung des Luftraumes über dem Manövergebiet zu garantieren. In dem Bataillonsgefechtsstand auf der Henne arbeiteten deutsche und tschechische Offiziere im Gefechtsdienst eng miteinander zusammen.

Sowjetische Fallschirmjäger entladen auf dem Flugplatz in Erfurt.
Sammlung: Fiege

Truppenfahne. Sammlung: Militärhistorisches Museum der Bundeswehr, Fotografie Ingrid Meier

1966 am 1. März (Tag der NVA) erhält das Funktechnische Bataillon 1 die Truppenfahne.
1970 Einführung des automatisierten Führungs- und Leitsystems AFIS „Wosduch“.
1973 Nutzung des eigenständigen Sondernetzes (S1) der Luftstreitkräfte/Luftverteidigung.
1974 Beginn der Reorganisation der Funktechnischen Truppen der 1. Luftverteidigungsdivision zum Funktechnischen Bataillon -31. Döbern, -41 Holzendorf, -51 Sprötau und -61 Müncheberg, aus dem Bestand des FuTR-4 mit Bildung gemeinsamer Gefechtsstände mit dem Jagdgeschwader 3, Jagdgeschwader 1, Fla-Raketenregiment 19, und Jagdgeschwader 8.

1970 Verleihung des Traditionsnamens „Paul Schäfer". Oberstleutnant Messing gratuliert zur Auszeichnung. Sammlung: Fiege

Der Gefechtsstand bestand aus drei großen Planchetts. Am linken und rechten Außen-Planchett wurde das jeweilige Zielangebot der sechs Kompanien ausgewertet. Am mittleren Planchett stellte der Kartenbearbeiter die jeweilige Luftlage zusammen. Diese wurde durch den Ableser an den Gefechtsstand der 1. Luftverteidigsdivision nach Kolkwitz weitergegeben.

Planzeichner im Gefechtsstand. Sammlung: Fiege

1976 Umzug von der Henne-Kaserne; neuer Standort wird Sprötau (bei Sömmerda), gemeinsames Objekt mit dem Fla-Raketenregiment 19, Funktechnische Bataillon 51, Funktechnische Kompanie 511. Zusammenlegung der Gefechtsstände.

Neben vielen kleinen Übungen und Überprüfungen war die Luftverteidigungsübung „Elbe 87“ der Höhepunkt der 80er-Jahre. Sie fand im Sommer 1987 zunächst in den Kasernen statt und wurde mit den Gefechtsschießen der Fla-Raketentruppen und der Jagdfliegerkräfte auf dem Staatspolygon in der Sowjetunion, Kasachstan beendet.

1990 Einstellung des Gefechtsdienstes.

Gruppenfoto vor der Unterkunft „Hotel Europa“. Sammlung: Fiege

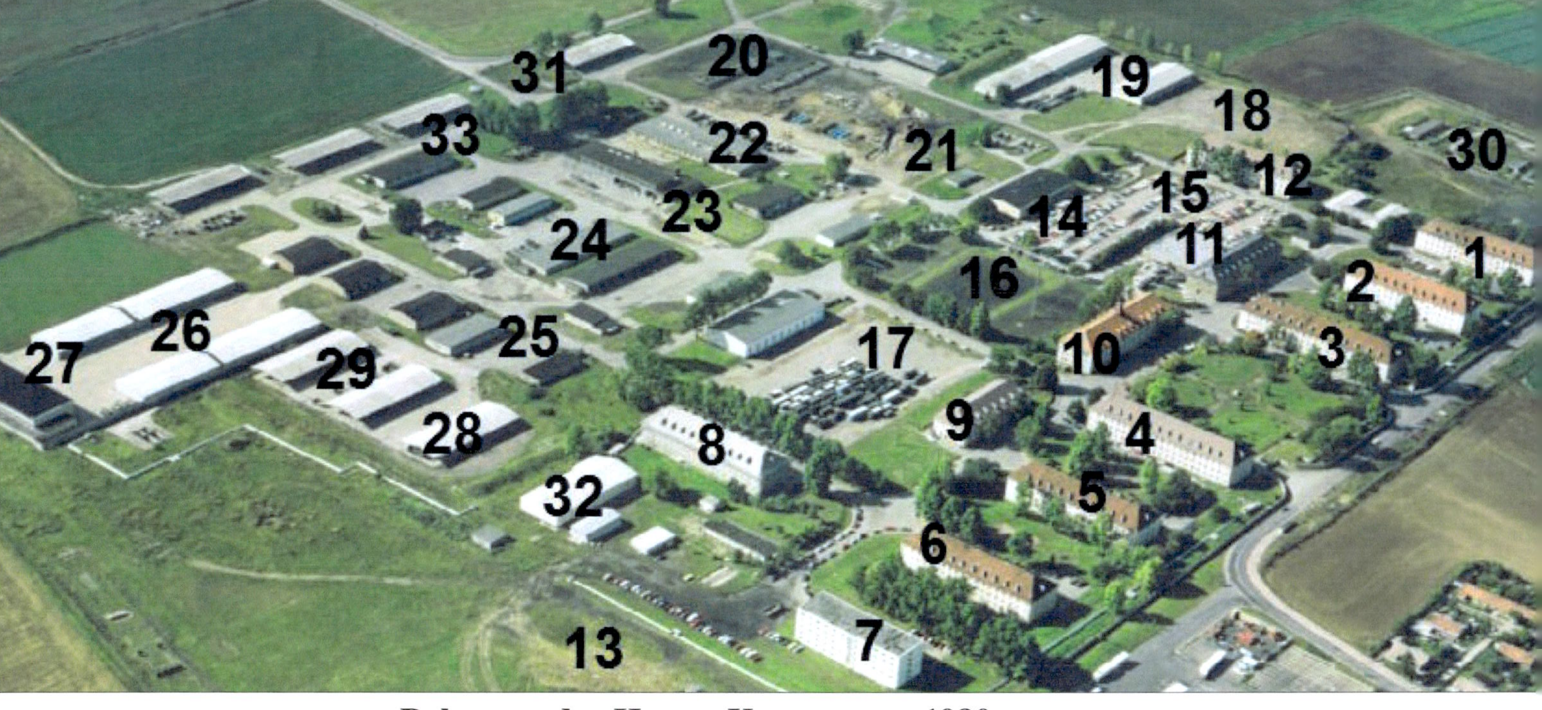

Belegung der Henne-Kaseren um 1980

1 Gästebasis, Ledigenheim, Unterkunftsdienst
2 II. Artillerie-Abteilung, Werkstatt Unterkunftsdienst
3 Wache, MHO,
    1. OG Führungsbatterie,
    2. OG Instandsetzungs-Versorgungskompanie
    B/A Lager
4 I. Artillerie-Abteilung
5,6 Transport-Bataillon (vor Verlegung) Geschosswerferabteilung

7 Unterkunftsgebäude Fla-Raketenregiment 4
8 III. Artillerie-Abteilung
9 Wirtschaftsgebäude
10 Regimentsstab Artillerie-Regiment.
2. OG Regimentsstab Fla-Raketenregiment 4
11 Wirtschaftsgebäude
12 Medizinischer Dienst
13 Feuergarten Artillerieausbildung, Sturmbahn
14 Sporthalle
15 Großer Exerzierplatz,
16 Sportgarten
17 Kleiner Exerzierplatz, Kinosaal
18 Artillerie-Schießpolikon
19 Lehrgefechtstechnik Artillerie-Regiment
20 Munitionslager
21 Gefechtspark III. Artillerieabteilung
22 3. Kompanie (Instandsetzungs-Bataillon 4)
23 Artilleriewerkstatt AR / Tankstelle
24 Gefechtspark I. Artillerieabteilung, Geschosswerferabteilung 4
25 Kfz. Werksatt Fla-Raketenregiment 4
26 Gefechtspark Fla-Raketenregiment 4
27 Lehrgefechtspark Wartungshalle Funkmesstechnik Fla-Raketenregiment 4
28 Kfz. Transportkompanie Fla-Raketenregiment 4
29 Gefechtspark Lagerbereich Fla-Raketenregiment 4
30 Heizhaus (abgerissen)
31 Schwimmbecken (aufgefüllt)
32 Schießausbildungszentrum Artillerie-Regiment 4
33 Technikhallen Artillerie-Regiment 4

Henne-Kaserne. Sammlung: Autor

Quellenangaben

Backhaus	Jürgen	Stabsoberfähnrich a.D.
Braun	Willi	Major a.D.
Brinkmann	Horst	Major a.D.
Deparade	Andreas	Hauptmann a.D.
Eichhorn	Harry	Stabsoberfähnrich a.D.
Fiege	Wolfgang	Leutnant a.D.
Hanske	Helmut	Oberstleutnant a.D.
Hecker	Willi	Stabsoberfähnrich a.D.
Heßmann	Fritz	Oberst a.D.
Huth	Dietmar	Oberstleutnant a.D.
Kleingünter	Reiner	Stabsfeldwebel a.D.
Krause	Walter	Oberstleutnant a.D.
Kriesten	Klaus	Oberstleutnant a.D.
Krug	Horst	Oberstleutnant a.D.
Lowack	Dietmar	Oberstleutnant a.D.
Meifarth	Hans-Jürgen	Oberstleutnant a.D.
Nothnagel	Hardi	Oberst a.D.
Rüddenklau	Gerhard	Mitglied der Deutschen Gesellschaft für Heereskunde
Scharf	Wolfgang	Oberstleutnant a.D.
Stadtarchiv Erfurt		
Truppengeschichte des FR/FAbt/FRR-4 (Autor unbekannt)		
Wagner	Peter	Stabsfeldwebel a.D.
Weinhold	Horst	Oberstleutnant a.D.
Wille	Klaus-Peter	Oberstleutnant a.D.
WWW.NVA-Forum.de		

Kurzbiographie Autor Peter Schreiber

Oberstleutnant Peter Schreiber a.D.

Im Februar 1940 wurde ich in Arnstadt geboren. Die Spuren meiner Vorfahren konnte ich bis 1508 in Erfurt zurückverfolgen. Ostern 1508 wurde Valentinus Hernnworst an der Erfurter Universität immatrikuliert, er ist der erste nachgewiesene Vorfahre meiner Familie. Sein Sohn begleitete 1578–1580 Graf Günther XLI der Streitbare von Schwarzburg als Feldprediger in die Niederlande. Er war mit Sicherheit mit dem Leben der Soldaten vertraut.
Nach Abschluss der Schule und Erlernen eines Berufes wurde ich in Sondershausen im Mot. Schützenregiment 23 gemustert. Am 05. April 1959 trat ich meinen Dienst im Artillerieregiment 16 in Prora/ Rügen an. Meine Ausbildung begann ich als Artillerist. Bereits 1960 erfolgte mein Einsatz bei den Rückwärtigen Diensten im Verpflegungsdienst. Nach mehreren Versuchen und Anstrengungen glückte 1971 die Versetzung von Prora nach Erfurt. Während meiner Dienstzeit war ich in verschiedenen Dienststellungen eingesetzt, als Oberoffizier für Verpflegung in mehreren Truppenteilen und als Stellvertreter des Kommandeurs Rückwärtige Dienste. Im Stab der 4. Mot. Schützendivision in Erfurt erfolgte der Einsatz als Oberoffizier für Planung und Beschaffung und bis zur Versetzung in die Reserve am 01. März 1990 als Leiter der Unterabteilung Verpflegung. Mit Leidenschaft habe ich meinen Beruf ausgeübt. Ich trug den Dienstgrad Oberstleutnant. Wehmut in der Seele, dass wir es gemeinsam nicht vermocht haben, ein anderes Modell für unser Land zu entwickeln. Für viele eine Befreiung, für andere eine Zeit der Verletzungen und Enttäuschungen. Oft kam beides zusammen. Unserem Land fehlte dazu die erforderliche Reformbereitschaft.

Dabei denke ich oft an die Worte von Herbert Wehner, die er im Gespräch mit Günter Gaus 1964 sagte: *„Das SED Experiment wird fürchterlich enden, mit einem moralischen Katzenjammer und einer sittlichen Vernichtung derer, die einmal aus ehrlichen Absichten versucht haben, sozialistische Vorstellungen solcher Art zu realisieren“.*

Nach Beendigung meines Dienstes als Berufsoffizier begann ich an der Pädagogischen Hochschule der späteren Universität in Erfurt. Mit Gründung der Thüringer Studentenwerke wurde ich Abteilungsleiter der Verpflegungsbetriebe. Bereits 1991 erfolgte die Wahl als Mitglied in den Mensaausschuss im Deutschen Studentenwerk in Bonn. Damit war ich der erste gewählte Vertreter aus den neuen Bundesländern in diesem Gremium, in dem alle Länder vertreten sind. Diese Tätigkeit übte ich bis zum Beginn der Rente aus. Der Aufbau der Verpflegungsbetriebe im Thüringer Studentenwerk zählt zu den interessantesten und schönsten Arbeitsjahren. An diese Zeit erinnere ich mich gern zurück.

In meiner Freizeit beschäftigte ich mich mit der Ahnenforschung. Da diese abgeschlossen wurde, widmete ich mich der Dienstlaufbahn meines Vaters in der Wehrmacht. Seinen Werdegang konnte ich von der Vereidigung bis zur Kriegsgefangenschaft nachvollziehen.

Da dies mehreren Kameraden bekannt war, wurde ich angesprochen und gebeten, an der Geschichte der Garnisonsstadt Erfurt mitzuarbeiten.

Seit 1963 bin ich verheiratet und wir haben 3 Kinder. Durch dienstliche Belange war ich oft zu Hause nicht anwesend. Meine Aufgaben mussten dann durch die Familie bewältigt werden. Aus diesem Anlass widme ich die Arbeiten zur Garnisonstadt meiner Frau und unseren Kindern.

Schlussbemerkungen

Die Nationale Volksarmee in der Koalition des Warschauer Vertrags hat ihre Aufgabe zur Friedenssicherung erfüllt. Dazu hat die 4. Mot.Schützendivision ihren Beitrag geleistet.

Die vorliegende Arbeit war nur möglich durch die Zusammenarbeit mit ehemaligen Kameraden und beruht auf persönlichen Begebenheiten und Erfahrungen in der Truppe und Schilderungen ihrer Erlebnisse sowie der zur Verfügung gestellten authentischen Fotos.

Bei ihnen möchte ich mich für die Unterstützung bedanken, vor allen bei Martin Poller, Wolfgang Fiege und Werner Limbrecht, Gottlob Korda deren Hinweise von großem Nutzen waren.

Ebenso gilt der Dank dem Verlag Rockstuhl für die verständnisvolle Unterstützung, welcher diese Veröffentlichung erst möglich gemacht hat.

Weitere Bücher von Peter Schreiber im Verlag Rockstuhl

Taschenbuch, 150 Seiten, 186 Abb.
ISBN 978-3-86777-974-6
19,95 €

Taschenbuch, 160 Seiten, 204 Abb.
ISBN 978-3-95966-132-4
19,95 €

Taschenbuch, 130 Seiten, 133 Abb.
ISBN 978-3-95966-211-6
19,95 €

Taschenbuch, 128 Seiten, 220 Abb.
ISBN 978-3-95966-026-6
19,95 €

www.verlag-rockstuhl.de

Weitere Bücher von Peter Schreiber im Verlag Rockstuhl

Taschenbuch, 110 Seiten, 160 Abb.
ISBN 978-3-95966-280-2
19,95 €

Taschenbuch, 144 Seiten, 70 Abb.
ISBN 978-3-95966-387-8
19,95 €

Taschenbuch, 82 Seiten, 79 Abb.
ISBN 978-3-86777-460-4
12,95 €

Taschenbuch, 82 Seiten, 50 Abb.
ISBN 978-3-95966-468-4
14,95 €